AtV

Manches geflügelte Wort haben wir parat, ohne seinen Ursprung zu kennen: Im Wein liegt Wahrheit (Plinius d. Ä.); Wen lieb die Götter haben, der stirbt jung (Menander); Hättest du geschwiegen, wärst du ein Philosoph geblieben (Menander); Der echte Freund erweist sich in der Not (Euripides). In lockerer Folge hat der Herausgeber zusammengetragen, was er an Sprüchen, Aphorismen und Reflexionen bei den antiken Dichtern und Philosophen fand. Angeordnet hat er das Material in 12 kleinen Kapiteln zu Themen wie Jugend und Alter, Frauen und Männer, Freundschaft, Geld, Medizin, Moral, Recht, Politik, Krieg und Frieden.

Ein Büchlein für jeden, der die geschliffene Sentenz liebt und das scharfzüngige Urteil über Menschlich-Allzumenschliches nicht verschmäht. Auch Redner können sich seiner zur Würze ihres Vortrags ebenso bedienen wie Lateinlehrer, falls sie den Ehrgeiz haben, andere als die ausgetretenen Pfade der Unterweisung zu gehen.

Die heiteren Zeichnungen des jungen polnischen Karikaturisten geben dem Ganzen die nötige Lockerheit.

»Wer aber das Vergangene nicht in seinem Gedächtnis treu bewahrt, sondern leise entrinnen läßt, der schafft in Wirklichkeit Tag für Tag in seiner Seele Armut und Leere und macht den heutigen Tag zum Sklaven des kommenden, als wenn alles, was vor einem Jahr, was vor Tagen, was gestern geschah, für ihn wesenlos oder überhaupt nicht geschehen ist.«

Plutarch, »Von der Heiterkeit der Seele«

HORST DIETER, Jg. 1930, emeritierter Professor für Alte Geschichte, lebt in Potsdam.

DARIUSZ WÓJCIK, Jg. 1975, studierte Verwaltung und Marketing an der TU in Zielona Góra und absolviert zur Zeit ein Auslandsstudium in Cottbus; arbeitet als satirischer Zeichner für eine Reihe polnischer Zeitungen.

Aufbau Taschenbuch Verlag

Aus dem Griechischen und Lateinischen übersetzt

Mit 66 Illustrationen

ISBN 3-7466-1802-9
1. Auflage 2001

Einbandgestaltung Torsten Lemme
unter Verwendung eines Fotos von © Corel
Druck Elsnerdruck GmbH, Berlin
Printed in Germany

www.aufbau-taschenbuch.de

Inhalt

JUGEND UND ALTER

Denn was für die Knaben der Lehrer ist, der sie bildet und lenkt, das ist für Erwachsene der Dichter.

Aristophanes, »Die Frösche«, 1055f.

Denn was man nicht in der Jugend lernt, weiß man im reifen Alter nicht.

Cassiodor, »Variae«, 1, 24

Wiewohl eben jene Abnahme der Körperkräfte selbst öfter durch die Fehler der Jugend bewirkt als durch die des Alters. Denn eine ausschweifende und unmäßige Jugend übergibt dem Alter einen entkräfteten Körper.

Cicero, »Cato maior über das Greisenalter«, 29

Wie nämlich nicht jeder Wein, so wird nicht jede Natur durch das Alter sauer.

Cicero, »Cato maior über das Greisenalter«, 65

»Aber der Greis hat nicht einmal etwas, was er hoffen könnte.« Allein dann ist er in einer um so besseren Lage als der junge Mann, da er das, was jener erhofft, schon erreicht hat.

Cicero, »Cato maior über das Greisenalter«, 68

Einem jungen Menschen also kommt es zu, Älteren Achtung entgegenzubringen, aus deren Mitte die besten und bewährtesten zu erwählen und auf ihren Rat und ihr Ansehen zu bauen. Die Unerfahrenheit des Jugendalters muß nämlich durch die Lebensklugheit des Alters reguliert und gelenkt werden. Besonders aber muß man das jugendliche Alter vor Ausschweifungen bewahren und in körperlicher wie geistiger Anstrengung und Ausdauer üben, damit es sich bei der Erfüllung von militärischen und zivilen Pflichten kraftvoll und tüchtig zeigt.

Cicero, »Über die Pflichten«, 1, 122

Ohne Arbeit und Mühe kann man nicht zu Glück und Erfolg kommen, und es ist eine Schande, wenn ein junger Mann Anstrengungen scheut.

Euripides, Fragment 461 (»Die Kreterinnen«)

Ein alter Spruch: Bei den Jüngeren liegt die Kraft in den Taten, bei den Älteren im Rat.

Euripides, Fragment 508 (»Melanippe«)

Diejenigen, die gewöhnt sind, gewohnte Anstrengungen zu ertragen, ertragen sie, auch wenn sie schwach und alt sind, leichter als Starke und Junge, die daran nicht gewöhnt sind.

Hippokrates, »Aphorismen«, 2, 49

FRAUEN UND MÄNNER

Den Menschen, der ein Weib sich nimmt, umbraust der Sturm, sagt jeder; jeder weiß es auch, und jeder – freit.

Anonymos, »Anthologia Graeca«, 10, 116

Denn käme der Mann auch als Graukopf heim, er erkiest
sich ein blühendes Mädchen;
Doch des Weibes Los ist ein flüchtiger Lenz, und verpaßt
sie die Tage der Blüte,
Dann begehrt sie kein Mann mehr zur Ehe, sie sitzt – und
legt sich auf Träum und Orakel!

Aristophanes, »Lysistrate«, 596–598

Lysistrate spricht hier über die Nachteile der Frauen nach längeren Kriegszeiten.

Denn von vornherein sind die Aufgaben geteilt: die Arbeit des Mannes ist eine andere als die der Frau. Und so helfen sie sich gegenseitig, indem jedes das Seine zum Ganzen beisteuert.

Aristoteles, »Nikomachische Ethik«, 1162a

Gemeint ist der Rahmen der Hauswirtschaft.

»Nach bestem Wissen und Gewissen – hast du eine rechtmäßige Ehefrau?« –
»Beim Herkules, ja, aber nicht nach meinem besten Wissen und Gewissen!«

Cicero, »Über den Redner«, 2, 260

Antwort eines Lucius Nasica auf eine Anfrage Catos d. Ä.

Eine Frau, die weise denkt,
legt alles in die Hände eines Mannes.

Euripides, »Die Hilfeflehenden«, 40–41

Vergnügen bringt's den Frauen,
sich gegenseitig Unvollkommenes nachzureden.

Euripides, »Die Phönikerinnen«, 200–201

Falsch ist es, eine junge Frau einem gleichaltrigen Mann zu vermählen; denn die Kraft der Männer bleibt länger erhalten, bei der Frau dagegen schwindet die Jugend schneller.

Euripides, Fragment 24 (»Aeolus«)

Wer aufhört, die Frauen zu schmähen, den muß man unselig und unklug nennen.

Euripides, Fragment 36 (»Aeolus«)

Der beste Besitz eines Mannes ist eine Frau, die mit ihm fühlt.

Euripides, Fragment 164 (»Antigone«)

Weder eine Stadtmauer noch ein Goldschatz oder sonst etwas ist so schwer zu hüten wie eine Frau.

Euripides, Fragment 320 (»Danae«)

Die Frau soll im Hause bleiben und brav und tüchtig sein; draußen ist sie zu nichts zu gebrauchen.

Euripides, Fragment 521 (»Meleagros«)

Die Männer hegen listige Pläne, und nicht
mehr fest steht die bei den Göttern beschworene Treue.
Mein Leben aber soll wandeln der Ruhm,
auf daß es Ehren gewinne.
Auszeichnung wird dem Frauengeschlecht zuteil;
mißtönend Gerede soll nicht mehr treffen die Frauen.

Euripides, »Medea«, 413–418

Es hat nicht in unsere Brust gelegt
die Gabe des göttlichen Sanges zur Lyra Phoibos,
der Herr der Lieder. Denn sonst ließ ich eine Weise
erschallen gegen das Männergeschlecht. Die lange Zeit
hat vieles von unserem und der Männer Los zu berichten.

Euripides, »Medea«, 422–426

Beide Passagen aus der »Medea« werden von einem Chor korinthischer Frauen gesungen. »Phoibos« ist ein nicht erklärbarer Beiname des Apollon.

Denn wer dem Weibe vertraut, vertraut auch Betrügern und Dieben.

Hesiod, »Werke und Tage«, 374

Aus einem solchen Haus kam einst ein junger Herr
»Ein Bravo deiner Tugend«, rief die Weisheit
des Cato ihm da zu, »sobald der Kitzel
der Geilheit euch die Adern schwellt, da ist's
nur billig, wenn die Jungen hierher gehen,
statt andrer Leute Frauen durchzukneten.«

Horaz, »Satiren«, 1, 2, 27–32

Cato d.J. richtet die Worte an einen jungen Mann, der aus dem Bordell kommt.

Es gibt wohl keinen Streit, den nicht ein Weib
begonnen hätte.

Juvenal, »Satiren«, 6, 242–243

Manche Leute behaupten, du färbtest die Haare, Nikylla,
und du hast sie dir doch schwarz auf dem Markte gekauft.

Lukillios, »Anthologia Graeca«, 11, 68

Bei den Römern waren Perücken in Gebrauch.

Denn alle menschlichen Arbeiten und Verrichtungen bleiben ein gemeinsames Arbeitsfeld für beide Geschlechter, sind Männern und Frauen gemeinsam, und keine einzige ist nur für das eine Geschlecht durch den Naturzwang reserviert.

Musonius Rufus

Hetären hält man sich zum Vergnügen, Konkubinen zur täglichen Befriedigung des Körpers, und ehrbare Frauen heiratet man, um legitime Kinder zu zeugen und im Haus eine treue Wächterin zu besitzen.

Pseudo-Demosthenes, 59, 122

Als launisch und niemals beständig erweist sich
immer die Frau.

Vergil, »Aeneis«, 4, 569–570

FREUNDSCHAFT

Wer die Freundschaft aus dem Leben streicht, der nimmt doch geradezu die Sonne aus der Welt!

Cicero, »Laelius über die Freundschaft«, 47

In ernster Lage kennt man erst den wahren Freund.

Cicero, »Laelius über die Freundschaft«, 64

Ausspruch des Ennius in einer nicht überlieferten Tragödie.

Man muß viele Scheffel Salz zusammen essen, damit die Freundschaft das Ihre getan hat.

Cicero, »Laelius über die Freundschaft«, 67

Cicero führt ein römisches Sprichwort an.

Nachgiebigkeit verschafft uns Freunde, Wahrheit Haß.

Cicero, »Laelius über die Freundschaft«, 89

Zitat aus der Komödie »Das Mädchen von Andros« von Terenz (5, 68).

Nichts erwarte von den Freunden, was du selber machen kannst.

Ennius, »Satiren«, 33

Wenn es einem schlecht geht, sind die Freunde verschwunden.

Euripides, Fragment 799a (»Phönix«)

Der echte Freund erweist sich in der Not.

Euripides, »Hekabe«, 1226

… weiß ich doch, dem Armen
geht aus dem Weg jeder Freund.

Euripides, »Medea«, 560–561

Freundschaft – das Wort hat Bestand nur, soweit es mit Nutzen verbunden; hin und zurück auf dem Brett schiebt man berechnend den Stein. Bleibet das Glück uns noch hold, so wahrt ihr das Lächeln, ihr Freunde; wenn es zerrann, voller Schimpf wendet ihr euch dann zur Flucht.

Petron, »Satyricon«, 80, 9

Der Name Freund ist häufig, Treue selten.

Phädrus, »Äsopische Fabeln«, 3, 9, 1

Das stärkste Band, Freundschaften zu knüpfen, ist die Gleichheit der Charaktere.

Plinius d.J., »Briefe«, 4, 15, 2

REICHTUM UND GELD

Und keiner, der mit den Händen sich durchbringt,
solle den Lebensbund suchen mit denen, die stolz sind
auf Reichtum und großtun mit Adel!

Aeschylus, »Prometheus in Fesseln«, 889–891

Nicht Gefilde begehr ich, schwer von Saaten, Goldes strotzende Fülle nicht wie Gyges, nur zufrieden, Makrinos, möchte ich leben; denn das »Alles mit Maßen« freut mich maßlos.

Alpheios von Mytilene, »Anthologia Graeca«, 9, 110

In der antiken Philosophie waren Theorien des Maßes und der Mitte sehr verbreitet.

Der bloße Reichtum ist es, der die Welt regiert.

Aristophanes, »Plutos«, 145

Die Liebe zum Gewinn beherrscht die ganze Welt.

Aristophanes, »Plutos«, 360

Das Vaterland ist überall, wo das Glück uns blüht.

Aristophanes, »Plutos«, 1150

Niemand ist stärker als das Geld, außer – eine Ausnahme kenne ich nicht.

Euripides, Fragment 325 (»Danae«)

Auf Reichtum, den das Unrecht schafft, soll man verzichten.

Euripides, »Helena«, 905

In Kammern der Armen dringt selten ein Krieger.

Juvenal, »Satiren«, 10, 18

In einen Goldtopf ungeniert, hast du den Stuhlgang abgeführt.
Doch nur aus Glas nimmst du den Trank: Beliebter ist dir wohl Gestank!

Martial, »Epigramme«, 1, 37

Satire über den Wohlstand eines Bassus.

Wo Geld ist, kommt Geld hin, nicht wohin es bestimmt ist.

Petron, »Satyricon«, 43, 7

Es ist – ich weiß nicht wie – die Armut die Schwester der Anständigkeit.

Petron, »Satyricon«, 83, 4

Um Geld macht man das meiste Gezänk: Gerichte hält es in Atem, Väter und Kinder hetzt es aufeinander, Gifte mischt es, Schwerter reicht es gleichermaßen Meuchelmördern wie Legionen.

Seneca, »Über den Zorn«, 3, 33

An den, der besitzt, macht der Neid sich heran.

Sophokles, »Aias«, 157

Denn nichts, was bei den Menschen jemals Sitte ward,
ist so verderblich wie das Geld: selbst Städte tilgt
es aus; es jagt die Männer aus den Häusern fort,
es wandelt auch die redliche Gesinnung um
und lehrt sie häßlichen Geschäften nachzugehn;
es unterweist die Menschen in Verschlagenheit,
und auch Verbrechen nicht zu scheun bei ihrem Tun.

Sophokles, »Die Trachinierinnen«, 295–301

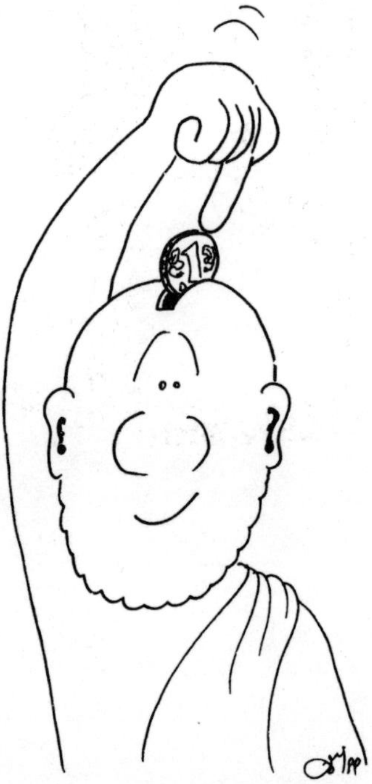

ALLGEMEINMENSCHLICHES

Löwe und Wildesel gingen gemeinsam auf die Jagd: der Löwe steuerte seine Kräfte bei, der Wildesel die Schnelligkeit seiner Beine. Als sie einiges Wild erlegt hatten, machte der Löwe drei Teile und übernahm die Verteilung. »Den ersten Teil«, sprach er, »nehme ich mir vorweg, denn ich bin der König der Tiere; den zweiten Teil bekomme ich aufgrund der vereinbarten Gleichheit; der dritte Teil aber – es soll dir gar übel ergehen, wenn du dich nicht sogleich aus dem Staube machst!«
Man soll in allen Dingen der eigenen Macht gemäß handeln und nicht mit Mächtigeren eine Gemeinschaft oder Gesellschaft eingehen.

Aesop, »Fabeln«, 258

Ist es doch ein Sprichwort: Des Nachbars Auge ist gehässig und neidisch.

Alkiphron, »Briefe«, 1, 15

Erholung aber braucht der Mensch, weil er außerstande ist, ohne Unterbrechung zu arbeiten. Erholung ist somit kein Endziel, denn man gönnt sich sie um der Tätigkeit willen.

Aristoteles, »Nikomachische Ethik«, 1176b

Was sehr vielen gemeinsam gehört, für das wird am wenigsten Sorge getragen.

Aristoteles, »Politik«, 1261b

Denn im Anfang steckt der Fehler, und der Anfang ist, wie es heißt, die Hälfte des Ganzen.

Aristoteles, »Politik«, 1303b

Mit Starken streite nicht, gib ihnen lieber nach.

Babrius, »Fabeln«, 36, 15

Es gibt keinen Schmerz, der nicht durch die Länge der Zeit gemildert und besänftigt würde.

Cicero, »Briefe an Bekannte«, 4, 5, 6

Ein jeder üb' nur aus die Kunst, die er versteht.

Cicero, »Gespräche in Tusculum«, 1, 41

Cicero führt hier ein griechisches Sprichwort an.

Oft wird Weisheit auch gefunden unter schmutzigem Gewand.

Cicero, »Gespräche in Tusculum«, 3, 56

Worte des Statius Caecilius.

Jedermann kann sich einmal irren, aber nur der Tor bleibt bei seinem Irrtum.

Cicero, »Philippische Reden«, 12, 2

Nicht so sehr aus der Wurzel von Abstammung und Herkunft entspringt der Charakter des Menschen, viel eher entsteht er aus der konkreten Umwelt und den Lebensgewohnheiten, in denen wir aufwachsen und leben.

Cicero, »Über das Ackergesetz«, 2, 95

»Wie schätzt du jemanden ein, der in flagranti beim Ehebruch ertappt wird?« – »Zu langsam.«

Cicero, »Über den Redner«, 2, 275

Gespräch zwischen zwei Männern.

Der hatte den Dichter Ennius besuchen wollen, aber als er am Eingang nach ihm fragte, sagte die Magd, Ennius sei nicht zu Hause. Nasica merkte jedoch, daß sie es auf Befehl ihres Herrn sagte und jener drinnen war.
Einige Tage später, als Ennius den Nasica besuchen wollte und an der Haustür nach ihm fragte, ruft Nasica, er sei nicht zu Hause. Darauf Ennius: »Was denn? Erkenne ich nicht deine Stimme?« Und Nasica: »Du bist ein unverschämter Mensch. Als ich nach dir fragte, habe ich deiner Magd

geglaubt, daß du nicht zu Hause bist – und du glaubst nicht einmal mir selbst.«

Cicero, »Über den Redner«, 2, 276 (über Scipio Nasica)

Niemand kann sich auf den ersten Blick und im Vorbeigehen verlieben.

Cicero, »Über die Rhetorik«, 1, 80

Nichts trocknet schneller als Tränen.

Cicero, »Über die Rhetorik«, 1, 109

Ausspruch des Rhetors Apollonios Molo, den Cicero 87 v. Chr. in Rom hörte.

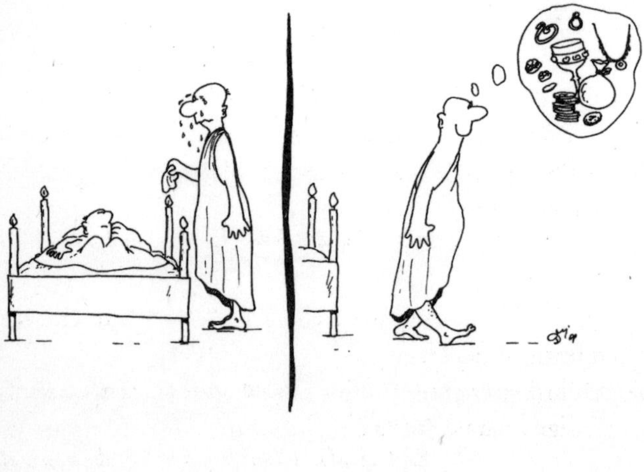

Die Menschen sind nämlich unter dem Gebot erschaffen, daß sie jene Kugel schützen und bewahren, die du inmitten dieses Raumes siehst und die »Erde« genannt wird.

Cicero, »Über den Staat«, 6, 15

Die Bäder, die Weine, die Liebe: Sie ruinieren unsere Körper, aber sie machen das Leben aus: die Bäder, die Weine, die Liebe.

Corpus Lateinischer Inschriften, VI 15258

Grabinschrift eines Römers aus der Kaiserzeit.

Eine unzeitige Freimütigkeit hilft so wenig wie ein stumpfes Schwert.

Epiktet, Fragmente, 141

Man muß nicht blindlings und übereilt an Aufgaben gehen, denen man nicht gewachsen ist.

Epiktet, »Handbüchlein der Moral«, 1, 2, 32

… daß er dir, wenn du fortfährst, ihm Ungelegenheiten zu machen, ein paar Maulschellen versetzt. Ich selbst war einst ein großer Liebhaber dieser Disputierart, bis mir dergleichen widerfuhr.

Epiktet, »Handbüchlein der Moral«, 2, 12, 24–25

Hier in der Schule sind wir freilich wackere Leute und haben fertige Mäuler.
Aber führte man uns zur Tat, da wird man arme Schiffbrüchige an uns finden.

Epiktet, »Handbüchlein der Moral«, 2, 16, 20

Lobe oder tadle niemandes Handlung, bis du die Anschauung kennst, die ihn bei seinem Tun leitete.

Epiktet, »Handbüchlein der Moral«, 4, 8, 3

Ein edler Mann, der arm ist, gilt für nichts!

Euripides, »Die Phönikerinnen«, 442

Denn das, was ausreicht, gilt dem Klugen als genug.

Euripides, »Die Phönikerinnen«, 554

Gäb's keinen Wein, so gäb es für die Sterblichen
auch keine Kypris mehr und keinerlei Vergnügen!

Euripides, »Die Bakchen«, 773–774

Nach ihrer Hauptkultstätte auf Zypern hatte die griechische Liebesgöttin Aphrodite den Beinamen »Kypris«.

Wer vom Glück begünstigt wird, braucht Verstand.

Euripides, Fragment 99 (»Alkmene«)

Hitzköpfigkeit aber und Unbedachtheit haben schon viele Menschen zugrunde gerichtet – ein übles Paar für den, der damit zu tun hat.

Euripides, Fragment 257 (»Archelaos«)

Wer viel tut, macht auch viele Fehler.

Euripides, Fragment 576 (»Oenomaos«)

Löcke nicht gegen den Stachel bei denen, die über dich gebieten.

Euripides, Fragment 604 (»Peliaden«)

Kraft ohne Verstand richtet oft Schaden an.

Euripides, Fragment 732 (»Temeniden«)

Ein hohes Gut besitzt, wer seine Zunge hütet.

Euripides, »Iphigenie bei den Taurern«, 1064

Vielwisserei erzeugt nicht Vernunft.

Gellius, »Attische Nächte«, praef. 12

Ein Ausspruch des Heraklit.

Des Erben Weinen ist verkapptes Lachen.

Gellius, »Attische Nächte«, 17, 14, 4

Ein Ausspruch des Publilius Syrus.

Gemalt hat das Euthymides der Sohn des Pollias wie (es) Euphronius niemals (gekonnt hätte).

Griechische Inschriften, Nr. 145

Die Inschrift findet sich auf einer rotfigurigen Amphora aus der Zeit um 500 v. Chr. und zeugt vom Konkurrenzkampf der Handwerker/Künstler untereinander.

Aber vor das Verdienst den Schweiß die ewigen Götter
Setzten; lang und steil ja erhebt sich zu diesem der Fußpfad,
Und zu Anfang auch rauh; doch wenn du zur Höhe gelangtest,
Leicht dann zieht er dahin, so schwer er anfangs gewesen.

Hesiod, »Werke und Tage«, 288–291

Arbeit ist nimmermehr Schande, doch Scheu vor der Arbeit ist Schande.

Hesiod, »Werke und Tage«, 310

Genieße den Tag und vertraue so wenig wie möglich dem nächsten.

Horaz, »Oden«, 1, 11, 8

Das berühmte »carpe diem«.

Ein gesunder Geist (möge) in einem gesunden Körper (wohnen).

Juvenal, »Satiren«, 10, 356

Dieses »mens sana in corpore sano« wird häufig falsch zitiert, indem man den Konjunktiv übersieht.

Ein Mensch bin ich. Nichts dünkt mich fremd, was menschlich ist.

Menander, »Das Schiedsgericht«, 432

Wenn wir uns alle stets zu Hilfe kämen, keinem, der Mensch ist, fehlte es an Glück.

Menander, »Das Schiedsgericht«, 467

Was für ein artig Ding der Mensch, wenn er Mensch ist.

Menander, »Das Schiedsgericht«, 484

Wenn auch die Kräfte fehlen, so ist doch der Wille zu loben.

Ovid, »Briefe aus dem Pontus«, 3, 4, 79

Sieh' zu, daß nicht der Mächtigen Schwellen
frostig dir werden.

Persius, »Satiren«, 1, 108–109

Nicht zuviel soll man seinen Plänen trauen, weil das Schicksal seine eigene Logik hat.

Petron, »Satyricon«, 82, 6

Im Wein liegt Wahrheit.

Plinius d. Ä., »Naturgeschichte«, 14, 28

Das bekannte »in vino veritas«.

Viel, nicht Vielerlei.

Plinius d. J., »Briefe«, 7, 9

Mit diesem »multum, non multa« meint Plinius die Ziele des Lernens.

Leider haben wir nun einmal die einfältige Gewohnheit, mehr mit dem Blick auf die anderen zu leben, und der Hang der menschlichen Natur zu Neid und Mißgunst ist bedauerlicherweise so groß, daß der Mensch sich über fremde Vorzüge mehr ärgert, als er sich über die eigenen freut.

Plutarch, »Von der Heiterkeit der Seele«, 11

Wer nämlich von Natur seinem Nächsten keine Treue hält, kann auch selbst nicht zu irgend jemand anderem Vertrauen haben, sondern muß zwangsläufig allen Menschen argwöhnisch begegnen, da er das Wesen seines Mitmenschen nach seiner eigenen Gesinnung mißt.

Prokop, »Vandalenkriege«, 2, 26

Ein Lügner muß ein gutes Gedächtnis haben.

Quintilian, »Unterweisung in der Redekunst«, 4, 91

Denn was ist törichter, als an einem Menschen zu loben, was nicht sein eigen ist? Wer ist unsinniger als der, welcher bewundert, was augenblicklich auf einen anderen übergehen kann? Goldene Zügel machen ein Roß nicht besser.

Seneca, »Briefe an Lucilius«, 41, 6

Wenn du auch als einziger das ganze Gelage überdauerst, wenn du auch alle an großartiger Mannhaftigkeit hinter dir gelassen und es dir niemand an Trinkfestigkeit gleichgetan, so wird doch das Faß dich hinter sich lassen.

Seneca, »Briefe an Lucilius«, 83

Nicht für das Leben, sondern für die Schule lernen wir.

Seneca, »Briefe an Lucilius«, 106, 11

So auch die Trunkenheit: sie macht ja frech und verwegen, und viele haben schon besser das Schwert geführt, als sie nicht mehr nüchtern waren.

Seneca, »Über den Zorn«, 13

Vergangenes läßt sich nicht ungeschehen machen, Zukünftiges aber verhüten.

Seneca, »Über den Zorn«, 19

Oft liegt die Sache so, daß es weit besser ist, überhaupt sich nichts merken zu lassen, als die Beleidigung zu rächen.

Seneca, »Über den Zorn«, 32

Du bestimmst einem anderen seine Todesstunde, und wer weiß, ob es nicht deine eigene sein wird.

Seneca, »Über den Zorn«, 42

Wer ruhig leben will, der mache sich weder privat noch in der Politik viel zu schaffen.

Seneca, »Über die Gemütsruhe«, 13

Seneca zitiert einen Ausspruch des Demokrit.

Niemand hat sich je zum Gespött gemacht, der über sich selbst spotten konnte.

Seneca, »Über die Standhaftigkeit des Weisen«, 17

Wer Freude macht, hat Freude sich noch stets erzeugt.

Sophokles, »Aias«, 522

… denn frisch ist die Erfahrung, daß der Feind
uns soweit nur verhaßt sein darf, als ob er einst
auch wieder Freund sein wird, daß ich aber
meinem Freund so weit nur zu Gefallen handeln soll, als ob
er's nicht für immer bliebe; denn zumeist gewährt
die Kameradschaft keinen sichren Ankerplatz.

Sophokles, »Aias«, 678–683

Am bösen Beispiel lernt man böse Sitten leicht.

Sophokles, »Elektra«, 621

Unvollendeter Taten sich verlogen zu rühmen ist schmachvoll.

Sophokles, »Philoktet«, 842

Lebe jeden Tag so, als wäre es dein letzter.

Stobaeus, »Anthologie«, 3, 1, 48

Nichts ist angemessener als Mäßigung.

Stobaeus, »Anthologie«, 3, 5, 21

Ein Leben ohne Feste ist wie ein langer Weg ohne Wirtshäuser.

Stobaeus, »Anthologie«, 3, 16, 22

Verständig ist, wer sich nicht um das grämt, was er nicht hat, sondern sich an dem erfreut, was er hat.

Stobaeus, »Anthologie«, 3, 17, 25

ÄRZTE UND MEDIZIN

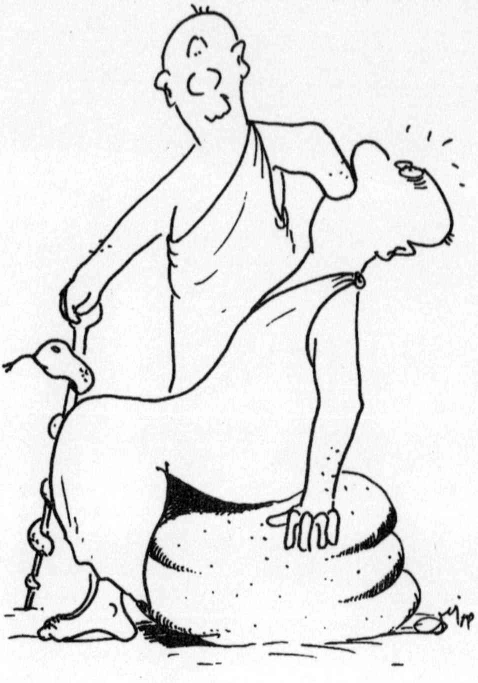

... Körperbeschaffenheit, die weder durch Müßiggang noch durch ausschweifendes Leben verdorben war, zwei Laster, die den Körper früher in Griechenland, später bei uns schwächten. Und deshalb erreichen jetzt trotz der so sehr ausgebauten Heilkunst ... kaum einige von uns den Anfang des hohen Alters.

Celsus, »Über die Medizin«, 1

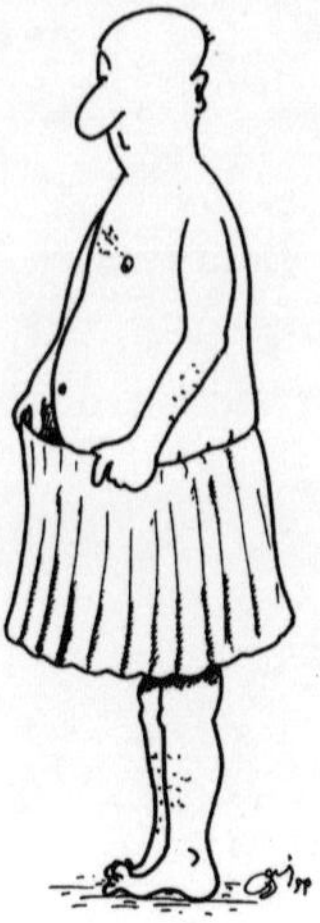

Man sei nicht zu begierig nach dem Beischlafe, doch scheue man ihn auch nicht allzusehr. Selten ausgeübt, erregt er den Körper, häufig gepflogen, erschlafft er ihn ... Bei Tage ausgeübt, bekommt er schlechter, besser bei Nacht.

Celsus, »Über die Medizin«, 1, 1

Im Frühjahr ist der Beischlaf am gesundesten ... Weder im Sommer noch im Herbst ist die Ausübung des Beischlafs dienlich, weniger schädlich ist sie jedoch im Herbst; im Sommer vermeide man sie möglichst ganz.

Celsus, »Über die Medizin«, 1, 3

Wenn daher irgendein Lehrsatz vielleicht einmal im tausendsten Falle nicht zutrifft, so darf man den Glauben an seine Richtigkeit nicht gleich verlieren, da er sie schon in so zahlreichen Fällen bewährte.

Celsus, »Über die Medizin«, 2, 6

Er war so lang zur Kur, und er ist doch noch nicht tot.

Cicero, »Über den Redner«, 2, 274

Eine Redewendung bei den Römern.

Das Leben ist kurz, die Kunst weit, der günstige Augenblick flüchtig, der Versuch trügerisch, die Entscheidung schwierig. Der Arzt muß nicht nur bereit sein, selber seine Pflicht zu tun, er muß sich auch die Mitwirkung des Kranken, der Gehilfen und der Umstände sichern.

Hippokrates, »Aphorismen«, 1, 1

Früher ein Arzt, ist jetzt Diaulus Leichenbestatter; Leichenbestatter, wie jetzt, war er auch früher als Arzt.

Martial, »Epigramme«, 1, 47

Selbst noch am heutigen Tage befragt man von vielen Seiten her die Orakel in medizinischen Angelegenheiten ... Sie haben sich untereinander verschworen, alle Barbaren durch die Heilkunst zu töten.

Plinius d. Ä., »Naturgeschichte«, 29, 1

Der letzte Satz stammt aus einem Brief Catos d. Ä. an seinen Sohn, und gemeint sind die griechischen Ärzte. Die Griechen betrachteten lange Zeit alle Nichtgriechen als »Barbaren«, also auch die Römer. Als sich der erste griechische Arzt, Archagathos, in Rom niederließ (219 v. Chr.), brachten ihm seine chirurgischen Eingriffe bald den Namen »Henker« ein (carnifex).

Sie sind es, welche beim Menschenmorde am ungestraftesten davonkommen.

Plinius d. Ä., »Naturgeschichte«, 29, 8

Ausspruch Catos d. Ä. über die Ärzte.

MYTHOS UND RELIGION

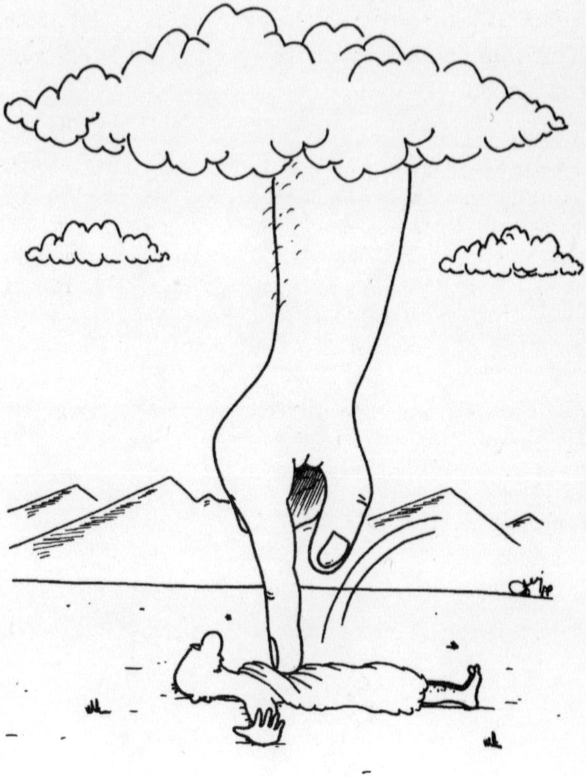

Gütige Schutzgötter des Landmannes, laßt mich doch künftig weder Wolf noch Wucherer erblicken.

Alkiphron, »Briefe«, 1, 26

Die Religionen können wir nicht kommandieren; niemand wird gegen seinen Willen zum Glauben gezwungen.

Cassiodor, »Variae«, 5, 37

Ausspruch Theoderichs des Großen.

Und wenn ich darin irre, daß ich die Seelen der Menschen für unsterblich halte, so irre ich gern und will mir diesen Irrtum, an dem ich meine Freude habe, so lange ich lebe, nicht entreißen lassen.

Cicero, »Cato maior über das Greisenalter«, 85

Agamemnon, der »ohn End vor Schmerz sein ungeschorenes Haar zerwühlt«, worüber es jenen Witz des Bion gibt, der törichte König raufe sich in seiner Trauer das Haar aus, als ob eine Glatze seinen Schmerz mildern könnte.

Cicero, »Gespräche in Tusculum«, 3, 62

Cicero zitiert eine Passage aus dem Stück des Accius »Die Nachtwache«.

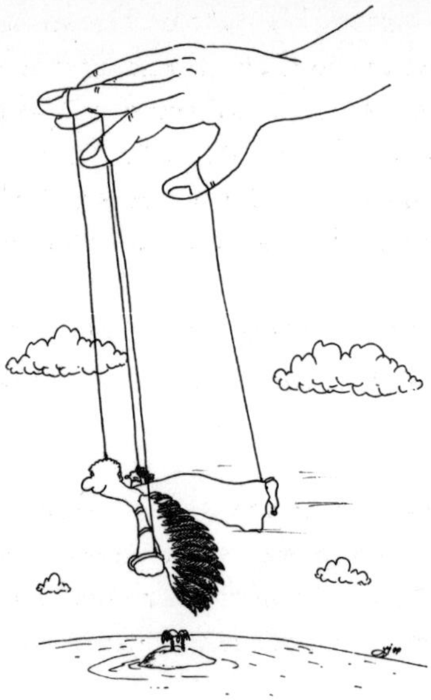

Ich sagte stets, es lebt von Göttern ein Geschlecht, ich bleib dabei – doch kümmert sie's, so denk ich, gar nicht, was das Volk der Menschen treibt.

Cicero, »Über die Wahrsagekunst«, 2, 104

Verse aus dem verlorenen »Telamo« des Ennius.

Als Hannibal, bei König Prusias im Exil, diesem riet, es auf einen entscheidenden Kampf mit Rom ankommen zu lassen, sagte der König, er wage das nicht, die Eingeweide verböten es. »Und Du«, erwiderte jener, »willst einem Stück Kalbfleisch mehr glauben als einem erfahrenen Feldherrn?«

Cicero, »Über die Weissagekunst«, 2, 52

Gemeint ist die Eingeweideschau, vornehmlich der Leber, bei Opfertieren, ein religiöser Brauch bei Etruskern und Römern, vorgenommen durch die Haruspices.

Die Äthiopier halten ihre Götter für stumpfnasig und schwarz, und wenn die Ochsen und Pferde oder Löwen Hände hätten und malen könnten mit ihren Händen und Werke bilden wie die Menschen, dann würden die Pferde pferdeähnliche, die Ochsen ochsenähnliche Götterbilder malen und solche Gestalten schaffen, wie sie selber haben.

Clemens Alexandrinus, »Die Teppiche«, 5, 14, 109, 3

Xenophanes über die Relativität von Göttervorstellungen.

Von den Göttern vermag ich nichts festzustellen, weder, daß es sie gibt, noch, daß es sie nicht gibt, noch, was für eine Gestalt sie haben; denn vieles hindert ein Wissen darüber: die Dunkelheit der Sache und die Kürze des menschlichen Lebens.

Diogenes Laertius,
»Leben und Meinungen berühmter Philosophen«, 9, 51

Ein Ausspruch des Protagoras.

Den Göttern ziemt es nicht, nach Menschenart zu zürnen.

Euripides, »Die Bakchen«, 1348

Doch alle Zukunftsdeutung
ist eitel und verlogen, das erkannte ich!

Euripides, »Helena«, 740–741

Die besten Seher sind Verstand und guter Rat.

Euripides, »Helena«, 757

Leidig ist offenbar unser Streben
nach dem, was glänzt hier auf der Welt,
weil wir kein anderes Leben kennen
und keinen Beweis für die Unterwelt haben.
Von Märchen nur werden wir, zwecklos, verführt.

Euripides, »Hippolytos«, 193–197

Es herrscht bei Göttern wie bei Menschen mächtige
Verwirrung. Schmerzlich ist es nur, wenn kluge Menschen
auf Seherspüche bauen und verloren sind –
derart, wie es der Kundige erleben muß.

Euripides, »Iphigenie bei den Taurern«, 372–375

Niemand soll mit dem Glauben, den er selbst aus Überzeugung angenommen hat, den andern schädigen. Wer schneller das Richtige eingesehen und erkannt hat, möge dem Nächsten nach Möglichkeit nützen. Wenn dies aber nicht möglich ist, dann soll er seinen Versuch einstellen. Denn es ist etwas anderes, den Kampf um Unsterblichkeit freiwillig auf sich zu nehmen, als mit Strafen dazu zu zwingen.

Eusebius, »Über das Leben Konstantins«, 2, 60

Eusebius zitiert hier eine Äußerung Konstantins I. über religiöse Duldsamkeit.

Nichts glaub' ich Vogelschauern, die bereichern fremdes
Ohr.
Mit leerem Wort' zu füllen sich das eigne Haus mit Gold.

Gellius, »Attische Nächte«, 14, 1, 34

Gellius zitiert ein damals bekanntes Wort des Pacuvius.

Grabgedichte

aus: Werner Peek, Griechische Grabgedichte, Berlin 1960

Möge dir die Erde leicht sein.

Marmortafel, Oaxos, Kreta, 1. Jh. v. Chr.
Nr. 183 (S. 127)

Der Nymphen Diener, Chrysogonos mit Namen, ruht hier und sagt zu jedem, der des Weges kommt: trink, du siehst, wie es endet.

Kos, 2./3. Jh. n. Chr.
Nr. 248 (S. 155)

Die unberechenbare Tyche hat hier den Menschen ein Musterbeispiel ihrer Willkürakte gezeigt. Wahrlich, die Götter kümmern sich um uns Sterbliche nicht, nein, wie die Tiere werden wir planlos hin und her gerissen, sei es im Leben oder im Tode.

Stele, Neophagos, Kypros, 2./3. Jh. n. Chr.
Nr. 308 (S. 181)

Gruß dir, Wanderer. Bedenkend, daß alle Sterblichen das gleiche Ende erwartet, genieße dein Leben, solang du lebst.

Sarkophag, Termessos, Pisidien, 2./3. Jh. n. Chr.
Nr. 371 (S. 213)

Es gibt im Hades keinen Nachen, keinen Fährmann Charon, keinen Türhüter Aiakos, keinen Hund Kerberos. Wir Toten hier unten sind alle miteinander Gebein und Staub geworden, sonst gar nichts.

Marmorplatte, Rom, 3./4. Jh. n. Chr.
Nr. 454 (S. 267)

Trink, iß, gönne dir alles Gute. Denn auch ich, der Stein, stehe hier statt Bakchidas.

Athenaios, 8, 336d
Nr. 479 (S. 289)

Die Kaiser (Konstantin und Licinius) haben beschlossen, »sowohl den Christen als auch allen die freie Wahl zu geben, dem Kult zu folgen, den sie wollen, damit das, was immer an Gottheit und himmlischen Wesen existiert, uns und allen unseren Untertanen freundlich und gnädig sein könne«.

Laktanz, »Über die Todesarten der Christenverfolger«, 48, 2

Bezogen auf das Mailänder Edikt von 313, das sog. Toleranzedikt.

Es handelt sich um keine Kleinigkeit, ihr Götter, wenn ihr bedenkt, daß die Menschen es sind, die über unsere ganze Einschätzung, unseren Ruf und unser Einkommen befinden. Wenn sie zu der Überzeugung kämen, es existierten überhaupt keine Götter oder es gäbe sie zwar, aber von einer Fürsorge für die Menschen sei keine Rede, dann hätten wir von der Erde keinerlei Opfer, Ehrengaben und Beweise der Verehrung mehr zu erwarten. Wir würden zwecklos im Himmel herumsitzen und am Hungertuch nagen.

Lukian, »Zeus als Tragöde« (Zeus spricht)

Nichts kann je aus Nichts entstehen durch göttliche Schöpfung.
Denn nur darum beherrschet die Furcht die Sterblichen alle,
Weil sie am Himmel und hier auf Erden gar vieles geschehen
Sehen, von dem sie den Grund durchaus nicht zu fassen vermögen.
Darum schreiben sie solches Geschehn wohl der göttlichen Macht zu.

Lukrez, »Über die Natur der Dinge«, 1, 150–154

Wen lieb die Götter haben, der stirbt jung.

Menander, »Das Schiedsgericht«, 111

Liebe Seele, wünsch dir kein unsterbliches Dasein,
doch die Leistung, die erfüllbar, schöpfe aus.

Pindar, »Olympische Gedichte«, 2, 56–57

Das wäre ein beklagenswerter Gott, der wie ein Arbeiter oder Handwerker sich der Mühseligkeit unterziehen und mit der Herstellung einer Welt abquälen müßte.

Plutarch, »Über die Meinungen der Philosophen«, 1, 7

Denn diese [die Furcht vor der Gottheit als Band, das den römischen Staat zusammenhalte] ist bei ihnen in solchem Maße künstlich gesteigert und sowohl in das Leben des Einzelnen als in das Staatsleben verwoben, daß ein höheres Maß darin gar nicht möglich ist ... Wie mir aber scheint, waren sie hierbei von der Rücksicht auf die Menge geleitet. Denn wäre es möglich, einen Staat aus lauter weisen Männern zu bilden, so wären solche Mittel nicht nötig. Da nun aber die Menge stets leichfertigen Wesens, voll ungesetzlicher Neigungen, unvernünftigen Zornes und gewaltsamer Leidenschaft ist, so bleibt nichts anderes übrig, als die Furcht vor dem unbekannten Jenseits und schreckhafte Vorstellungen ähnlicher Art zu ihrer Bändigung zu Hilfe zu nehmen.
Darum scheinen mir auch die Alten die Meinungen über die Götter und die Vorstellungen über das Reich des Hades nicht ohne Grund oder ohne Berechnung bei der Menge in Umlauf gebracht zu haben; vielmehr scheint mir die Jetztzeit, wenn sie dieselben zu verbannen sucht, unüberlegt und unverständig zu handeln.

Polybios, »Universalgeschichte«, 6, 56

»Einst«, sagte er, »war's eine feine Sache, Gott zu werden, doch ihr habt jetzt das reine Affentheater daraus gemacht.«

Seneca, »Die Verkürbissung des Kaisers Claudius«, 9, 3

Diese Worte spricht Janus in einer Götterversammlung, und sie beziehen sich auf die Deifizierung der römischen Kaiser nach ihrem Tod.

Als Claudius im Himmel erschien und Hercules / Herakles ihn erblickte, »da meinte er, nun sei seine dreizehnte Arbeit gekommen«.

Seneca, »Die Verkürbissung des Kaisers Claudius«, 5, 3

Nichts in der Welt ist so heilig, was nicht seinen Schänder fände.

Seneca, »Über die Standhaftigkeit des Weisen«, 3

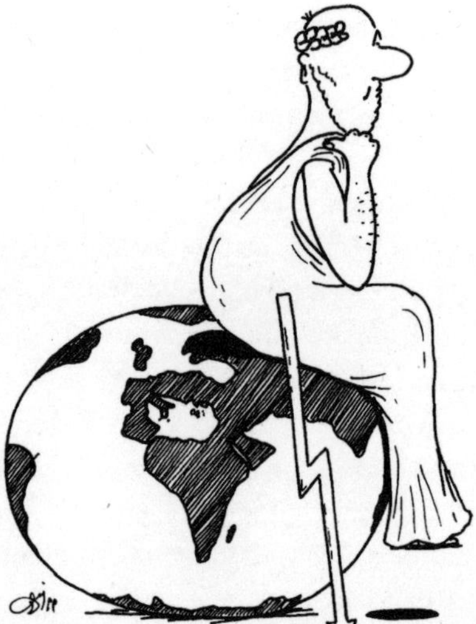

Ich schicke mich nicht in Gottes Willen, sondern ich stimme ihm bei.

Seneca, »Über die Vorsehung«, 5, 6

Claudius Pulcher ließ bei Sizilien die Hühner, die bei den Auspizien nicht das Futter nehmen wollten, unter Verachtung der Religion ins Meer werfen, damit sie saufen möchten, wenn sie schon nicht fressen wollten.

Sueton, »Kaiserbiographien«, Tiberius, 2, 2

Es handelt sich um Publius Claudius Pulcher vor der Schlacht bei Drepanum 249 v. Chr. im ersten Punischen Krieg, in der er seine Flotte verlor. Fleißiges Fressen der heiligen Hühner galt als gutes Omen.

Keiner vertraue auf Götter, die keine Gnade mehr spenden.

Vergil, »Aeneis«, 2, 402

PHILOSOPHIE UND MORAL

Hättest du geschwiegen, wärst du ein Philosoph geblieben.
Boethius, »Trost der Philosophie«, 2, 7

Wir sollten nämlich zahlreich kommen in ein Haus und trauern, wo ein Mensch das Licht der Welt erblickt, der Leiden eingedenk, die uns das Leben bringt; doch wen von schweren Plagen hat befreit der Tod, den sollten Freunde tragen fröhlich in sein Grab.
Cicero, »Gespräche in Tusculum«, 1, 115

Vielmehr hat die Tapferkeit überhaupt nichts mit Raserei zu tun und ist der Zorn nichts als Leichtfertigkeit. Denn es gibt keine Tapferkeit ohne Vernunft.

Cicero, »Gespräche in Tusculum«, 4, 50

Anfang der Schandtat ist es, unter Mitbürgern seinen Körper zu entblößen.

Cicero, »Gespräche in Tusculum«, 4, 70

Der Hafen liegt ja bereit, und wo der Tod ist, da ist auch der ewige Zufluchtsort der Unempfindlichkeit.

Cicero, »Gespräche in Tusculum«, 5, 117

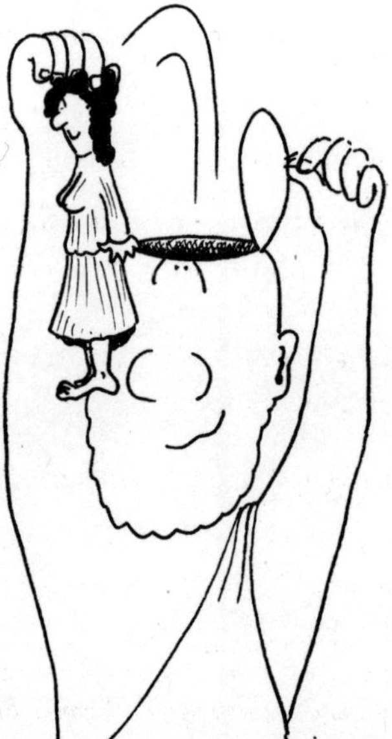

Niemand tanzt nüchtern, wenn er nicht gerade verrückt ist. Was muß nicht alles vorausgegangen sein, wenn jemand sich so vergessen kann.

Cicero, »Rede für Murena«, 13

Nicht nur du, Pythagoras, enthieltest dich lebender Wesen, auch wir tun es. Wer aß jemals ein lebendes Tier? Denn wir kochen und braten und salzen es zuvor, und erst dann essen wir's wirklich; jedoch Leben, das hat es nicht mehr.

Diogenes Laertius, »Anthologia Graeca«, 7, 121

Pythagoras und seine Schule hingen dem Glauben an eine Seelenwanderung an und verschmähten daher den Genuß von Tieren.

Für diese drei Dinge bin ich dem Schicksal dankbar: daß ich erstens als Mensch geboren bin und nicht als Tier, zweitens als Mann und nicht als Weib, drittens als Grieche und nicht als Barbar.

Diogenes Laertius,
»Leben und Meinungen berühmter Philosophen«, 1, 33

Diese Worte werden dem Thales zugeschrieben.

Lieber ein Bettler als ein Ungebildeter, jenem fehlt das Geld, diesem Menschlichkeit.

Diogenes Laertius,
»Leben und Meinungen berühmter Philosophen«, 2, 70

Der Mensch ist das Maß aller Dinge.

Diogenes Laertius,
»Leben und Meinungen berühmter Philosophen«, 9, 51

Der berühmte Ausspruch des Protagoras.

Nicht etwa der Geschlechtsverkehr macht das Wesen der Ehe aus, sondern die Eheleuten geziemende gegenseitige Wertschätzung.

Digesten, 24, 1, 32, 13 (Ulpian)

Denn was ist ein Mensch? – Ein lebendiges Geschöpf, das Vernunft besitzt und sterblich ist.

Epiktet, »Handbüchlein der Moral«, 2, 9, 1–2

Erfüllte die Gottheit die Gebete der Menschen, so würden sie bald alle zugrunde gehen, da sie beständig einander alles Schlimme wünschen.

Epikur, »Epicurea« (Usener), S. 259, 1

Nicht nur weißes Silber und Gold haben Geldeswert, sondern auch die Tüchtigkeit steht allen Menschen als Zahlungsmittel zur Verfügung. Man sollte Gebrauch davon machen.

Euripides, Fragment 542 (»Ödipus«)

Es gibt nur eines, was dem Sklaven Schande bringt:
Der Name! Doch in allem anderen zeigt der Sklave,
wenn er nur tüchtig ist, dem Freien sich gewachsen.

Euripides, »Ion«, 854–856

Das feindseligste Weh im Menschenleben aber ist es, in vieles Einsicht zu haben und über nichts Gewalt.

Herodot, »Darlegung der Erkundung«, 9, 16

Lob schafft sich die Tugend und – frieret.

Juvenal, »Satiren«, 1, 74

So sehr ist größer des Ruhms als der Tugend Durst.
Wer läßt sich allein von der Tugend verlocken, sobald du jeglichen Lohn ihr entziehst?

Juvenal, »Satiren«, 10, 40–42

Von den Stoikern war niemand zugegen; es hieß, daß sie noch immer im Anstieg zur steilen Höhe der Tugend begriffen seien.

Lukian, »Wahre Geschichten«, 2, 18

Lukian berichtet hier über ein Philosophengelage in der Stadt der Seligen. Die Stoiker erklärten die Tugend für das höchste Gut.

Ob sich Menophanes auch ein Äckerchen kauft, vor Hunger hängte er sich schließlich am Baum eines fremden auf. Doch seinem Äckerchen fehlte nun Erde, den Toten zu decken, drum begrub man für Geld ihn in ein nachbarlich Land. Wenn Epikuros das Feld des Menophanes sähe, er sagte, nicht Atome, o nein, Äckerchen füllten das All.

Lukillios, »Anthologia Graeca«, 11, 249

Epikur vertrat die Ansicht, daß die Welt aus kleinsten Teilchen, den Atomen, zusammengesetzt sei.

Hier irrt Herakleitos! Der Krieg ist nicht
der Vater aller Dinge, wenigstens der Kochkunst nicht.
Wo Streit am Tisch sitzt, schmeckt das beste Essen
nicht. Der dümmste Koch weiß das.

Menander, »Das Schiedsgericht«, 626–629

Heraklit behauptete, alles Seiende gehe aus einem Kampf der Gegensätze hervor.

Und in der Weite der Welt geht nichts – das glaubt mir, verloren;
Wechsel und Tausch ist nur in der Form. Entstehen und Werden
Heißt nur, anders als sonst an(ge)fangen zu sein, und Vergehen,
Nicht mehr sein wie zuvor. Sei hierin jenes versetzet,
Dieses vielleicht dorthin: im ganzen ist alles beständig.

Ovid, »Verwandlungen«, 15, 254–258

Diogenes von Sinope in Korinth bei einer Begegnung mit Alexander dem Großen, der ihn fragte, womit er ihm dienen könne:

»Geh mir ... ein wenig aus der Sonne.« Davon soll Alexander so sehr betroffen gewesen sein und trotz der ihm bewiesenen Verachtung den Stolz und die Seelengröße des Mannes so sehr bewundert haben, daß er, als seine Begleiter

beim Weggehen darüber scherzten und lachten, ausrief: »Wahrlich, wenn ich nicht Alexander wäre, möchte ich wohl Diogenes sein.«

Plutarch, »Alexander«, 14

Es wäre einiger Trost für unsere Schwäche und unsere Verhältnisse, wenn alles so langsam zugrunde ginge, als es entsteht.

Seneca, »Briefe an Lucilius«, 91, 6

Alles, was seinen Höhepunkt erreicht hat, ist seinem Ende nahe.

Seneca, »Trostschrift für Marcia«, 23, 2

In drei Zeitspannen zerfällt das Leben, in Vergangenheit, Gegenwart und Zukunft. Davon ist die Zeit, die wir gerade durchleben, vergänglich, die, die wir noch zu leben haben, ungewiß, und nur die, die wir durchlebt haben, sicher. Sie ist es nämlich, über die das Schicksal seine Macht verloren hat.

Seneca, »Über die Kürze des Lebens«, 10

Es ist ein großer Trost, unsere Vergänglichkeit mit dem Weltganzen zu teilen.

Seneca, »Über die Vorsehung«, 5

Du kommst zum Wissen nur durch Handeln, nichtig ist
Dein Glauben an die Kenntnis, die du nicht erprobst.

Sophokles, »Die Trachinierinnen«, 592–593

Du verkündest mir nichts Unerwartetes oder Neues. Ich wußte wohl, daß der von mir Gezeugte sterblich war.

Valerius Maximus,
»Denkwürdige Taten und Aussprüche«, 5, 10, 3

Ausspruch des Anaxagoras, als man ihm den Tod seines Sohnes meldete.

RECHT UND GERECHTIGKEIT
§

Es gibt doch unter den Göttern keinen Dank gegenüber gerechten Menschen.

Aeschylus, Fragmente, 179

Ein Gut für den Staat aber – und das ist zuträglich für das Gemeinwohl – kann nur Recht und Gerechtigkeit sein.

Aristoteles, »Politik«, 1282a

Die Gerechtigkeit ist nach unserer Auffassung recht eigentlich die der staatsbürgerlichen Gemeinschaft wesentliche Tugend, welcher notwendig auch alle anderen folgen müssen.

Aristoteles, »Politik«, 1283b

Denn immer sind es die Schwächeren, welche nach Recht und Gleichheit suchen, die Stärkeren aber fragen nicht nach diesen Dingen.

Aristoteles, »Politik«, 1318b

Allein kein Recht ist stärker als die Gewalt der Waffen.

Cassius Dio, »Römische Geschichte«, 61, 1

Es ist nicht nur falsch, daß sich ohne Ungerechtigkeit kein Staat regieren läßt, sondern unbestreitbar ist, daß ohne ein Höchstmaß an Gerechtigkeit ein Staat überhaupt nicht regiert werden kann.

Cicero, »Über den Staat«, 2, 70

Es ist nämlich die Aufgabe des rechtschaffenen und gerechten Mannes, jedem das zu geben, dessen er würdig ist.

Cicero, »Über den Staat«, 3, 18

Die Gerechtigkeit dagegen schreibt vor, alle zu schonen, für das Menschengeschlecht zu sorgen, jedem das Seine zu geben, heiliges, öffentliches und fremdes Gut nicht anzutasten.

Cicero, »Über den Staat«, 3, 24

Es gibt keine Bürgergemeinde, die so dumm wäre, nicht lieber auf ungerechte Weise herrschen, als in Gerechtigkeit dienen zu wollen.

Cicero, »Über den Staat«, 3, 28

Strengstes Recht ist höchstes Unrecht.

Cicero, »Über die Pflichten«, 1, 33

Cicero führt hier – wie er selbst sagt – ein in seiner Zeit allbekanntes Sprichwort an: summum ius summa iniuria.

Es gibt nämlich keinen Zeitpunkt, zu dem man sich von der Gerechtigkeit fernhalten darf.

Cicero, »Über die Pflichten«, 1, 64

Ein charakterfester und tüchtiger Bürger ... wird keinesfalls jemandem durch falsche Beschuldigungen Haß und üble Nachrede zuziehen und sich überhaupt derart an Gerechtigkeit und Ehrenhaftigkeit halten, daß er diese Tugenden wahrt, selbst wenn er dadurch ernsthaft in Gefahr gerät.

Cicero, »Über die Pflichten«, 1, 86

... es wäre wünschenswert, daß diejenigen, die führende Positionen im Staate einnehmen, den Gesetzen glichen, die sich beim Strafen nicht von Zorneseifer, sondern von Gerechtigkeit und Billigkeit leiten lassen.

Cicero, »Über die Pflichten«, 1, 89

Aus alledem ist ersichtlich, daß den Studien und wissenschaftlichen Verpflichtungen die Pflichten der Gerechtigkeit voranzustellen sind, denn diese berühren das Glück der Menschen, was das wichtigste Anliegen eines jeden sein muß.

Cicero, »Über die Pflichten«, 1, 155

Vor allem aber ist es die Gerechtigkeit, die allein genügt, um einen Mann als rechtschaffen zu bezeichnen, und die der Menge als etwas Wunderbares erscheint, und das nicht zu Unrecht. Es kann nämlich niemand gerecht sein, der den Tod, den Schmerz, die Tierbannung, die bittere Armut fürchtet und die entgegengesetzten Dinge vor Recht und Billigkeit setzt, und demjenigen zollt man höchste Bewunderung, der sich vom Geld nicht beeindrucken läßt …
So umfaßt die Gerechtigkeit alle drei Aspekte, die ich als Wege zum Ruhm aufgeführt habe: das Wohlwollen der Mitmenschen, weil der rechtschaffene Mann der Mehrheit nützlich sein will, das Vertrauen aus demselben Grunde und die Bewunderung, weil er diejenigen Dinge verschmäht und geringschätzt, zu denen so viele in brennender Begierde getrieben werden.

Cicero, »Über die Pflichten«, 2, 38

So fordert denn die wahre Vernunft diejenigen, die gesunden Sinnes sind, zu Gerechtigkeit, Billigkeit und Zuverlässigkeit auf.

Cicero, »Über die Ziele menschlichen Handelns«, 1, 52

Diese Haltung, die einem jeden das Seinige zubilligt und eben jene Gemeinschaft unter den Menschen großzügig und gleichmäßig bewahrt, heißt Gerechtigkeit. An sie angeschlossen ist das Pflichtgefühl, die Güte, die Großzügigkeit, das Wohlwollen, die Liebenswürdigkeit und alles, was sonst noch dazugehört. Dies alles ist in dieser Weise der Gerechtigkeit eigentümlich, daß es auch allen übrigen Tugenden gemeinsam ist.

Cicero, »Über die Ziele menschlichen Handelns«, 5, 65

Umgekehrt wird die Gerechtigkeit sowohl sich selber in die übrigen Tugenden ergießen wie auch die Gegenwart jener Tugenden fordern. Denn nur der Tüchtige, nur der Weise vermag die Gerechtigkeit zu bewahren.

Cicero, »Über die Ziele menschlichen Handelns«, 5, 66

Es sei also der Zweck des ius civile der: in den Angelegenheiten und Prozessen der Bürger untereinander die auf Gesetz und Herkommen beruhende Rechtsgleichheit zu wahren.

Cicero, »Vom Redner«, 1, 188

Mit »ius civile« ist hier das Zivilrecht vor allem im Unterschied zu internationalen Gepflogenheiten gemeint.

Außerdem dürfte wohl zugleich mit der frommen Gesinnung gegen die Götter auch die Treue und das Gemeinschaftsgefühl des Menschengeschlechtes und die höchste aller Tugenden, die Gerechtigkeit, aufgehoben werden.

Cicero, »Vom Wesen der Götter«, 1, 4

… die Gerechtigkeit, die jedem das Seine gibt … War doch die Gesellschaft und das Zusammenleben der Menschen das, was den Sinn für Gerechtigkeit aufkommen ließ.

Cicero, »Vom Wesen der Götter«, 3, 38

Die größte Frucht der Gerechtigkeit ist der Seelenfriede.

Clemens von Alexandrien, »Teppiche«, 6, 24

Man soll kein Gesetz anders als für alle Bürger zugleich geben, das ist eine weise und echt demokratische Bestimmung.

Demosthenes, »Gegen Timokrates« (Reden, 24), 59

Die Ehe ist die Verbindung eines Mannes und eines Weibes und eine Vereinigung für das ganze Leben, eine Gemeinschaft göttlichen und menschlichen Rechts.

Digesten, 23, 2, 1

Die Strafe wird verhängt zwecks Besserung der Menschen.

Digesten, 48, 19, 20

Wer schweigt, bekennt durchaus nicht, aber es ist wahr, daß er nicht leugnet.

Digesten, 50, 17, 142

Unwissenheit wird zur Schuld gerechnet.

Digesten, 50, 17, 132

Gibt es etwas Segensreicheres als einen billig denkenden und gerechten Herrn?

Dion Chrysostomos, »Über das Königtum«, 1, 35

Die Verläßlichkeit ist die wichtigste Eigenschaft des gerechten Mannes im Staate.

Euripides, Fragment 91 (»Alkmene«)

Verschaffe dir den Ruf der Gerechtigkeit, handle aber wie jemand, dem jedes Mittel recht ist, wenn es um Gewinn geht.

Euripides, Fragment 426a (»Ixion«)

Ein Gerechter ist stärker als Scharen von Ungerechten, da er die Götter und das Recht auf seiner Seite hat.

Euripides, Fragment 584 (»Palamedes«)

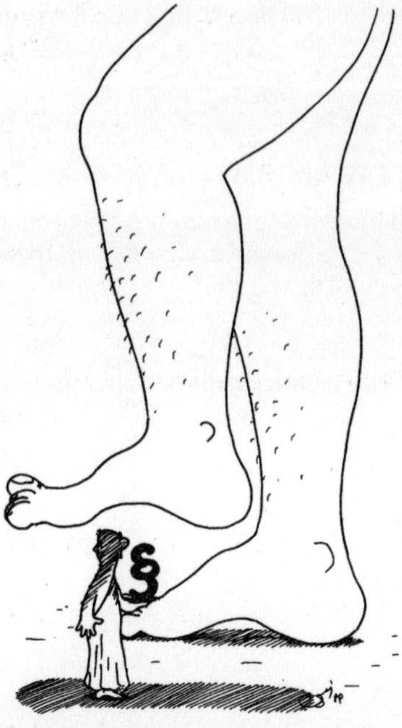

Nur die Gerechtigkeit birgt Aussicht auf Erfolg.

Euripides, »Helena«, 1031

Nur eines, sagt man, kann im Leben sich bewähren, ein Sinn, der die Gerechtigkeit und die Tugend pflegt.

Euripides, »Hippolytos«, 426–427

Ach! Schlimm, wie ungerecht und ohne jegliche Weisheit
der Gott den Menschen solche Bräuche setzen konnte!
Verbrecher sollten am Altar nie sitzen dürfen,
nein, fortgewiesen sein! Nie dürften frevle Hände
das Göttliche berühren. Nur Gerechte sollten,
wenn man zu Unrecht sie verfolgt, im Tempel sitzen,
und nicht der Gute wie der Böse aus der Hand
der Götter gleiches Recht am gleichen Ort empfangen!

Euripides, »Ion«, 1312–1319

Nimmer sieht Dike die Bösen, und
nimmer vergilt sie der Sterblichen Torheiten.

Euripides, »Die Phönikerinnen«, 1727–1728

In Zweifelsfällen ist immer die wohlwollendere Auslegung vorzuziehen.

Gaius, Digesten, 50, 17, 56

Bei der Gesetzesauslegung sind Strafen eher zu mildern, als zu verschärfen.

Hermogenian, Digesten, 48, 19, 42

… wehe dem Mann, der gerecht ist,
wenn das größere Recht dem Ungerechteren zukommt.

Hesiod, »Werke und Tage«, 270–271

Zwei Frauen zur gleichen Zeit zu haben ist nicht erlaubt.

Institutionen, 1, 10, 6

Die meisten Philosophen, besonders aber Plato und Aristoteles, haben viel von der Gerechtigkeit geredet. Sie behaupteten …, daß sie jedem das Seine zuteile und gegen alle die gleiche Billigkeit wahre. Und während die übrigen Tugenden sozusagen verschwiegen und im Innern verschlossen sind, sei die Gerechtigkeit die einzige, die nicht nur sich selber zugewandt und verborgen, sondern ganz nach außen gerichtet und zum Wohltun geneigt sei, um möglichst vielen zu nützen. Wahrhaftig tun sie, als ob Gerechtigkeit nur in Richtern wohnen müßte und in solchen Menschen, die irgendeine Machtstellung bekleiden, und nicht in allen! Aber im Gegenteil, es gibt keinen Menschen, nicht einmal unter den Geringsten und den Bettlern, dem die Gerechtigkeit nicht zufallen könnte!

Laktanz, »Epitome«, 50 (55), 5–8

Denn es ist Sünde, wenn ein Verehrer Gottes von einem anderen Verehrer Gottes verletzt wird. Daraus geht klar hervor, daß der Mensch geschaffen ist, Gott zu verehren und Gerechtigkeit zu üben.

Laktanz, »Vom Zorne Gottes«, 14

Und – bei der Göttin der Gerechtigkeit – es steht uns nicht zu, Epikur und seinen Schülern oder den Verfechtern seiner Lehren zu grollen, wenn sie so etwas von uns angenommen haben. Kann man denn von ihnen verlangen, daß sie anders denken, wenn sie dieses sinnlose Durcheinander in der Welt sehen? Da gehen die rechtschaffenen Leute, ohne daß ein höheres Wesen von ihnen Notiz nimmt, arm, krank und geknechtet zugrunde, während die größten Schufte und übelsten Subjekte Ehren genießen wie niemand sonst, steinreich werden und die Besseren kommandieren.

Lukian, »Zeus als Tragöde« (Mamos zu Zeus)

Mamos galt unter den griechischen Göttern als Gott des Tadels und des Spottes. Epikur vertrat neben seiner materialistischen Naturlehre (Atomistik) die Auffassung, daß die Götter keinen Einfluß auf die Belange der Menschen haben.

[Dike, die Göttin der Gerechtigkeit, antwortet Zeus auf dessen Ersuchen, sie möge doch wieder einmal Gericht bei den Menschen halten:] Wieder hinab auf die Erde? Um mich abermals von ihnen verjagen zu lassen und davonzulaufen fort aus der Welt, weil ich das Hohngelächter der Ungerechtigkeit nicht ertragen kann?

Lukian, »Der doppelt Angeklagte«, 4f.

Maßvolle Gesinnung oder Gerechtigkeit oder Selbstbeherrschung braucht niemand mitzubringen, es hat nichts zu sagen, wenn diese Dinge nicht zugegen sind.

Lukian, »Der Fischer«, 40

Bemerkung gegenüber den Prozeßteilnehmern vor einer Gerichtsverhandlung.

Jemanden zu verurteilen, ohne ihn gehört zu haben, verbietet die Rücksicht auf die Billigkeit.

Marcian, Digesten, 48, 17, 1

Unter Ehe verstehen wir die Verbindung eines Mannes und einer Frau zwecks völliger Lebensgemeinschaft, eine Gemeinschaft göttlichen und menschlichen Rechts.

Modestin, Digesten, 23, 2, 1

Demjenigen obliegt es, den Beweis zu erbringen, der (etwas Rechtserhebliches) behauptet, nicht dem, der es leugnet.

Paulus, Digesten, 22, 3, 2

In allen Dingen, ganz besonders aber im Recht, ist auf die Billigkeit Rücksicht zu nehmen.

Paulus, Digesten, 50, 17, 90

Was denn vermag das Gesetz, wo das Geld ganz allein regieret oder die Armut – ihr wißt's – niemals Prozesse gewinnt?

Petron, »Satyricon«, 14, 2

Die weitaus größte und schönste unter allen Einsichten aber ... ist jene, die der Ordnung des Staates und des Hauswesens gilt; man nennt sie ja Besonnenheit und Gerechtigkeit.

Platon, »Symposion«, 209a

Wenn ein Gott ist und durch seine Vorsehung die menschlichen Schicksale regiert werden, wie kommt es, daß die Falschheit glücklich ist und die Rechtschaffenheit Unglück hat?

Plutarch, »Physikalische Lehrsätze der Philosophen«, 1, 7

Es ist von Natur billig, daß sich niemand auf Kosten eines anderen bereichern darf.

Pomponius, Digesten, 12, 6, 14

Denn kleine Diebe straft man, große werden durch Triumphzüge geehrt.

Seneca, »Briefe an Lucilius«, 87, 20

Ein Gesetz muß kurz sein, damit es leichter von den Ungebildeten verstanden wird; wie eine göttliche Stimme muß es sein. Befehlen und nicht vernünfteln, nichts scheint mir frostiger und nichts unpassender als ein Gesetz mit Vorrede.

Seneca, »Briefe an Lucilius«, 94, 38

Wie viele fordern Nächstenliebe, Menschlichkeit, Freigebigkeit, Gerechtigkeit und Treue – und das steht nicht auf den Gesetzestafeln!

Seneca, »Über den Zorn«, 2, 28

Außerdem kann die Gerechtigkeit nichts Unrechtes leiden, weil Gegensätze unvereinbar sind.

Seneca, »Über die Standhaftigkeit des Weisen«, 8

Denn Zeit allein erweist den Menschen als gerecht,
den Bösewicht durchschaut man auch an einem Tag.

Sophokles, »König Ödipus«, 614–615

Gewiß doch, das Gemeine kommt so leicht nicht um!
Die Götter hegen's, haben ihren Spaß daran,
wenn Schufte, Gauner von den Toten auferstehn;
doch lassen sie zum Hades fahren stets und streng
den Menschen, der Gerechtigkeit und Tugend übt.

Sophokles, »Philoktet«, 446–450

Gesetze erlangen weder durch die Zahl ihrer Jahre noch durch die hohe Stellung ihrer Urheber Ansehen, sondern könnten es allein durch die Billigkeit.

Tertullian, »Verteidigung gegen die Heiden«, 4

Denn freilich braucht, wer Gewaltmittel anwenden kann, keine Rechtsmittel zu suchen.

Thukydides, »Geschichte des Peloponnesischen Krieges«, 1, 77

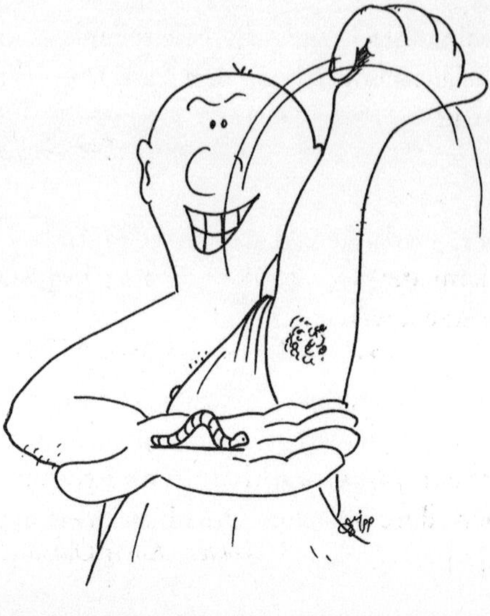

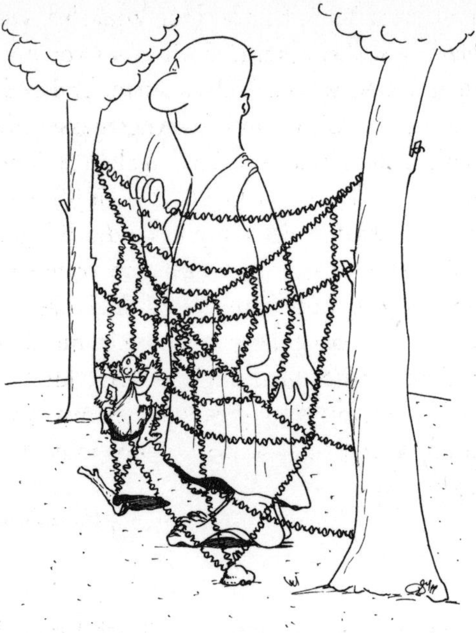

In der Auseinandersetzung der Menschen gibt das Recht höchstens bei Machtgleichheit den Ausschlag.

Thukydides, »Geschichte des Peloponnesischen Krieges«, 5, 89

Wegen bloßer Gedanken wird niemand bestraft.

Ulpian, Digesten, 48, 19, 18

Die Gebote des Rechts sind folgende: ehrenhaft leben, den Nächsten nicht verletzen und jedem das Seine zukommen zu lassen. Die Rechtswissenschaft ist die Kenntnis der göttlichen und der menschlichen Dinge, die Wissenschaft dessen, was Recht und was Unrecht ist.

Ulpian, Digesten, 1, 1, 10

Wer sich mit dem Recht befaßt, muß zunächst wissen, woher der Name »Recht« kommt. Er geht aus von der Gerechtigkeit; denn Recht ist, wie Celsus zutreffend und gewählt lehrt, die Kunst des Guten und des Angemessenen (des Billigen). Deshalb mag man uns Rechtsgelehrte Priester nennen, denn wir sind es, die die Gerechtigkeit pflegen und uns öffentlich zur Kenntnis des Guten und des Billigen bekennen, das Angemessene vom Unbilligen trennen, das Erlaubte vom Verbotenen scheiden, die sich als Ziel setzen, die Menschen gut zu machen, und zwar nicht nur durch Erregung von Furcht vor Strafen, sondern auch durch Aufmunterung zur Erringung von Vorteilen. Damit streben wir, wenn ich nicht irre, einer wahren Philosophie nach, nicht einer eingebildeten.

Ulpian, Digesten, 1, 1, 1

Die Gesetze sind wie Spinnweben, tödlich für die Kleinen, aber leicht zerreißbar für die Großen.

Valerius Maximus,
»Denkwürdige Taten und Aussprüche«, 8, 2, ext. 14

Sprichwort der Römer nach griechischem Vorbild.

STAAT, POLITIK, POLITIKER

Ein neuer Herr übt stets sein Amt mit Strenge aus.

Aeschylus, »Prometheus in Fesseln«, 35

Liegt doch in der Gewaltherrschaft der Übelstand begründet, seinen eignen Freunden zu mißtrauen.

Aeschylus, »Prometheus in Fesseln«, 224–225

Und daraus erhellt denn, daß auch diejenige staatsbürgerliche Gemeinschaft die beste ist, welche auf den Mittelstand sich gründet …
Und so ist es demnach das größte Glück für einen Staat, wenn seine Bürger ein ausreichendes Vermögen von mittlerer Größe haben, denn wo der eine Teil von ihnen gar zuviel besitzt und der andere gar nichts, da entsteht entweder die äußerste Demokratie oder die maßloseste Oligarchie.

Aristoteles, »Politik«, 1295b

Denn jetzt schwören sie in einigen Staaten: »und dem Volk will ich feindlich gesinnt sein und ihm zu seinem Schaden ersinnen, so viel ich kann«.

Aristoteles, »Politik«, 1310a

Die Rede ist von einem Eid der Oligarchen.

Nun meinte Plato, der Erste im Reich des Geistes und der Wissenschaft, erst dann würden die Staaten glücklich sein, wenn entweder die Gelehrten und Weisen die Regierung übernommen hätten oder wenn diejenigen, die die Staaten regierten, sich mit ganzer Kraft um die Aneignung von Wissenschaft und Weisheit bemühten.

Cicero, »An seinen Bruder Quintus«, 1, 1, 29

Kein heil'ger Bund, kein treues Band ist mit einem Thron zu flechten.

Cicero, »Über die Pflichten«, 1, 26

Aus einer unbekannten Tragödie des Ennius.

Wer Mut und Macht vereint und reden kann, ist doch ein schlechter Bürger, wenn er nicht Verstand besitzt.

Euripides, »Die Bakchen«, 270–271

Wie kann ein Pöbel, der den eignen Geist
nicht klar beherrscht, des Staates Lenker sein?
Die Muße, nicht die Hitze reift den Geist.
Dem armen Landmann, sei er kenntnisreich,
verwehrt sein Tagwerk Sorge für den Staat.

Euripides, »Die Hilfeflehenden«, 418–422

»Muße« bedeutete für die Griechen die Zeit, die man nicht mit der Arbeit für den täglichen Lebensunterhalt zubringen mußte.

Denn wer im Staate herrscht und angesehen ist,
der gilt den Mitbewerbern als der ärgste Feind.

Euripides, »Ion«, 605–606

Bei Hofe ist kein Platz für weise Männer.

Lukan, »Pharsalia«, 493

Denn wie manche, die zu Hause keinen rechten Pflichtenkreis haben, die meiste Zeit überflüssigerweise auf dem Markt verbringen, so gibt es auch Leute, die aus Mangel an ernsthafter Beschäftigung sich den öffentlichen Angelegenheiten widmen und aus der Politik einen Zeitvertreib machen.

Plutarch, »Politische Lehren«, 2

Wenn Cato nicht hoffen konnte, das Volk oder den Senat wegen ihrer Voreingenommenheit zu seiner Ansicht zu bekehren, so sprach er einen ganzen Tag und zerschlug so den Plan seiner Gegner.

Plutarch, »Politische Lehren«, 9

Versammlungen wurden bei den Römern mit Sonnenuntergang beendet.

Im Staat verhalte dich nicht wie ein Löwe und nicht wie eine Mücke. Denn dem ersteren geht man aus dem Wege, der letzteren lauert man auf.

Stobaeus, »Anthologie«, 4, 4, 26

Und weil das Regiment bei uns nicht in der Hand weniger, sondern aller liegt, nennt man unsere Verfassung demokratisch. Denn wie in den Angelegenheiten des einzelnen gleiches Recht für alle gilt, so gibt auch in Beziehung auf Geltung und Ansehen im Staat und in der Gemeinde nur persönliche Tüchtigkeit einen Vorzug, nicht aber Zugehörigkeit zu einer bestimmten Klasse, und selbst Armut hindert keinen, der etwas kann, aus seiner Unansehnlichkeit zu Amt und Würden zu gelangen.

Thukydides, »Geschichte des Peloponnesischen Krieges«, 2, 27

Thukydides bringt hier eine Passage aus einer Rede des Perikles, in der die Demagogie nicht zu übersehen ist. Siehe dazu das folgende Zitat!

Denn wir sind die einzigen, die auf dem Standpunkt stehen, wenn jemand sich vom öffentlichen Leben fernhält, sei er nicht ein friedliebender Bürger, sondern ein unbrauchbarer Mensch.

Thukydides, »Geschichte des Peloponnesischen Krieges«, 2, 40

Und so war es denn nur dem Namen nach eine Demokratie, in Wahrheit aber die Herrschaft in der Hand des ersten Mannes.

Thukydides, »Geschichte des Peloponnesischen Krieges«, 2, 65

Diese Worte beziehen sich auf den athenischen Staatsmann Perikles.

Einzig gegenseitige Furcht, die auf gleicher Stärke beruht, gibt verläßliche Gewähr für den Bestand eines Bündnisses, weil der, der es brechen möchte, durch die Erwägung, daß er seinen Angriff auf keine Überlegenheit gründen könne, abgeschreckt wird.

Thukydides, »Geschichte des Peloponnesischen Krieges«, 3, 11

KRIEG UND FRIEDEN

Bauer, fehlt's deinem Pflug so sehr denn an jeglicher
Krume?
Muß dein Ochsengespann über die Gräber schon gehen?
Muß die Pflugschar die Toten schon ritzen? Wozu? Wieviel
Weizen
bringt so nicht etwa das Land, sondern die Asche dir ein?
Stirbst nicht auch du einmal? Dann pflügt dich ein andrer,
dich, der du
solch unselige Saat selbst erst die andern gelehrt.

Antiphilos, »Anthologia Graeca«, 7, 175

Das Gedicht ist bezogen auf die Situation am Ende der opferreichen römischen Bürgerkriege, die Augustus beendete.

Die Lehre vom Erwerb der Sklaven aber … ist nämlich ein Teil der Kriegs- oder der Jagdkunde.

Aristoteles, »Politik«, 1255b

Daher wird auch die Kriegskunde in gewissem Sinne von Natur eine Erwerbskunde sein, denn die Jagdkunde ist ein Teil der ersteren, und sie wird teils gegen Tiere, teils gegen solche Menschen angewandt, die von Natur zu dienen bestimmt sind, aber nicht freiwillig dienen wollen, so daß ein solcher Krieg dem Naturrecht entspricht.

Aristoteles, »Politik«, 1256b

Diese [die göttliche Vorsehung] sucht nämlich durch Kriege die verderbten Sitten der Menschen zu bessern und auszumerzen und in gleicher Weise die Sterblichen, die einen gerechten und anerkennenswerten Lebenswandel führen, durch derartige Heimsuchungen auf die Probe zu stellen.

Augustinus, »Über den Gottesstaat«, 1, 1

Außerdem werden sie [die guten Staatsmänner] den Staat in Krieg und Frieden auf jede erdenkliche Weise an Macht, Ländereien und Einkünften zu stärken suchen. Daran erkennt man große Persönlichkeiten, so handelten unsere Vorfahren.

Cicero, »Über die Pflichten«, 2, 85

Diejenigen Kriege sind ungerecht, die ohne Grund angefangen werden. Denn außer um sich zu rächen oder um Feinde zu vertreiben, kann es keinen gerechten Krieg geben.

Cicero, »Über den Staat«, 3, 35

Jeder Friede ist ja auch nach dem bekannten Wort besser als der Krieg.

Dion von Prusa, »Reden«, 40, 26

Doch kennen wir alle von den Begriffen »gut«
Und »schlecht« den besseren und wissen auch, wie sehr
Der Frieden für die Menschen besser ist als Krieg:
Er ist ein treuer Freund der Musen, dann ein Feind
Der Rachegeister, freut sich wohlgeratner Kinder
Und liebet den Reichtum. Und wir Toren geben all
Dies preis, wir wählen Krieg, wir unterjochen den
Geschlagenen, der Mensch den Menschen, Staat den Staat.

Euripides, »Die Hilfeflehenden«, 486–493

Das Volk von Argos macht sich ein Vergnügen daraus, die reichen Bürger umzubringen, und freut sich, indem es das tut, so sehr, wie andere nicht einmal, wenn sie ihre Feinde töten.

Isokrates, Reden: »Philippos«, 52

Isokrates bringt hier ein Beispiel für die inneren Kämpfe in vielen griechischen Stadtstaaten nach dem opferreichen Peloponnesischen Krieg (431–404), in dem es zwischen Athen und Sparta um die Hegemonie in Griechenland ging.

Es wäre besser für ein vernünftiges Wesen, statt Waffen Heroldsstäbe zu tragen, die Wahrzeichen vereinigender Verträge, damit es überall Frieden statt Krieg verkünde.

Kritolaos, in: Pseudo-Philon, ed. J. Bernys, 1876, S. 239f.

Auch das Tier schon erkennt die Wohltat des Friedens; fort
wirft es Ares' Geräte und trägt lieber den Vater des Rechts.

Philippos von Thessalonika, »Anthologia Graeca«, 9, 285

Wenn also Hellenen mit Barbaren und Barbaren mit Hellenen kämpfen, werden wir sagen, daß sie Krieg führen und von Natur Feinde sind, und diese Feindschaft soll Krieg heißen.

Wenn aber Hellenen mit Hellenen solches tun, sie von Natur aber Freunde sind, aber Hellas in einem solchen Zustand krank und in Aufruhr ist, eine solche Feindschaft soll Aufruhr heißen.

Platon, »Staat«, 470c–d

Platon bezieht sich auf die wirren Verhältnisse der griechischen Stadtstaaten im 4. Jh. v. Chr.

HISTORISCHES

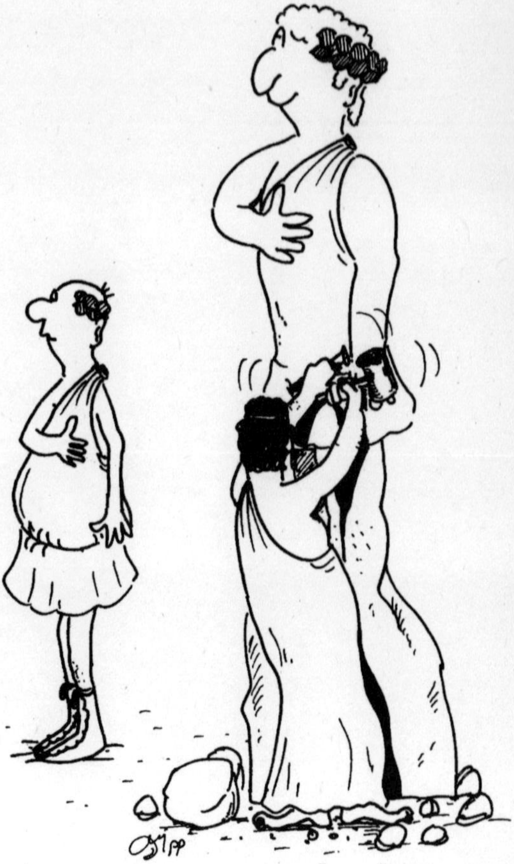

Es ist dein Vorteil, Caesar, daß das Volk sich mit uns die Zeit vertreibt.

Cassius Dio, »Römische Geschichte«, 54, 5

So sprach der Pantomime Pylades zum Kaiser Augustus.

So viele du auch umbringst, deinen Nachfolger tötest du doch nicht.

Cassius Dio, »Römische Geschichte«, 61, 18

Das sagte Seneca zu Nero.

Sieh', Kind, man riecht's ihnen nicht an.

Cassius Dio, »Römische Geschichte«, 66, 14

Gemeint sind Goldmünzen. Der Kaiser Vespasian richtete diese Worte an seinen Sohn Titus, der ihm Vorhaltungen machte, weil er eine Besteuerung der Bedürfnisanstalten verfügt hatte. In späterer Kurzfassung: »Geld stinkt nicht«: pecunia non olet.

So ist auch namentlich den Griechen gegenüber ein gewisser Grad von Vertraulichkeit sorgfältig zu vermeiden, ganz wenige ausgenommen, in denen etwa der Geist des alten Griechenlands noch lebt. So wie es aber jetzt steht, sind sehr viele von ihnen falsch, charakterlos und infolge der langen Knechtschaft wahre Meister in der Kunst, übermäßig zu Gefallen zu reden.

Cicero, »An seinen Bruder Quintus«, 1, 1

Fremder, sag in Sparta, du hast uns hier liegen gesehen, weil wir dem heil'gen Gesetz unseres Staates gehorcht.

Cicero, »Gespräche in Tusculum«, 1, 101

Cicero zitiert hier Verse des Simonides über die in der Schlacht bei den Thermopylen gegen die Perser (480 v. Chr.) gefallenen Spartaner unter ihrem König Leonidas. Eine Übersetzung von Friedrich Schiller lautet: »Wanderer, kommst du nach Sparta, so verkünde dorten, du habest uns hier liegen gesehen, wie das Gesetz es befahl.«

Ihr werdet die Sonne vor der Vielzahl unserer Speere und Pfeile nicht sehen.
Dann werden wir also im Schatten kämpfen.

Cicero, »Gespräche in Tusculum«, 1, 101

Ein persischer Bote prahlte vor den Spartanern und erhielt diese Antwort.

Kämpft tapferen Herzens weiter, Spartaner, heute werden wir vielleicht bei den Unterirdischen speisen!

Cicero, »Gespräche in Tusculum«, 1, 101

Leonidas soll diese Worte an seine 300 Mitstreiter gerichtet haben.

Als Philipp den Spartanern drohte, er würde alles, was sie unternähmen, zu verhindern wissen, da fragten sie ihn, ob er sie auch am Sterben hindern würde.

Cicero, »Gespräche in Tusculum«, 5, 42

Mögen sie hassen, wenn sie nur fürchten.

Cicero, »Philippische Reden«, 1, 34

Aus der nicht erhaltenen Tragödie des Accius zitiert. Nach Sueton, »Kaiserbiographien«, Caligula, 30, ein Lieblingsausspruch dieses Kaisers.

Allerdings ist in diesem Staate nicht nur das Verzeihen, sondern selbst das objektive Untersuchen schon ziemlich abgekommen.

Cicero, »Rede für Sextus Roscius aus Ameria«, 1, 3

Cicero in einer Rede 80 v. Chr. unter der Diktatur Sullas.

Die Kameraden gefallen mir nicht.

Cicero, »Über den Redner«, 2, 262

Scipio Africanus d. Ä. lehnte mit dieser Bemerkung die Bitte der Korinther ab, seine Statue unter griechischen Feldherren aufstellen zu dürfen.

Den Zorn der Zwölf Götter, Dianas und Jupiters, soll sich zuziehen, wer hier ein kleines oder großes Geschäft verrichtet.

Corpus Lateinischer Inschriften, 6, 29848b

Inschrift in den Ruinen der Titus-Thermen, eröffnet 80 n. Chr.

Herr Gift trägt Sorge für Neros Finanzen.

Corpus Lateinischer Inschriften, 4, 2337–2338

Wandinschrift in Pompeji.

Als Kroisos gegen den Perser Kyros zu Felde zog, ließ er beim Orakel anfragen. Die Antwort lautete: »Über den Halys gesetzt, stürzt Kroisos ein mächtiges Reich um.«

Diodor, »Historische Bibliothek«, 9, 41

Gemeint ist das Orakel von Delphi. Kroisos, dt. Krösus, unterlag 547 v. Chr. dem Perserkönig Kyros II.

Ruhig bescheidet sich's jetzt
und wünscht zwei Dinge nur ängstlich:
Brot und Spiele.

Juvenal, »Satiren«, 10, 79–81

Charakterisierung des stadtrömischen Volkes in der Kaiserzeit mit dem berühmten »panem et circenses«.

Jedenfalls gab König Archelaos einem schwatzhaften Barbier einst eine geistreiche Antwort. Als dieser ihm das Tuch umlegte und fragte: »Wie soll ich dich scheren, König?«, sagte der König: »Schweigend.«

Plutarch, »Von der Geschwätzigkeit«, 13

O Eitelkeit der Eitelkeiten, alles ist Eitelkeit.

Prokop, »Vandalenkriege«, 2, 9

Ausspruch des Vandalen Gelimer, als er am 1. Januar 525 im Triumphzug vor den Kaiser Justinian geführt wurde. Es sind die Eingangsworte aus dem alttestamentlichen Buch »Prediger Salomo« (1, 2) in lateinischer Fassung: vanitas vanitatum, omnia vanitas est.

O du käufliche und dem Untergange geweihte Stadt, wenn sich nur ein Käufer findet.

Sallust, »Der Jugurthinische Krieg«, 35, 10

Ausspruch Jugurthas, des Königs von Numidien, über die Stadt Rom. Er hatte sich vor dem Senat in Rom verantworten müssen, blieb aber ungeschoren, weil er viele hohe römische Beamte bestochen hatte.

Eile mit Weile.

Sueton, »Kaiserbiographien«, Augustus, 25

Lieblingsausspruch des Augustus.

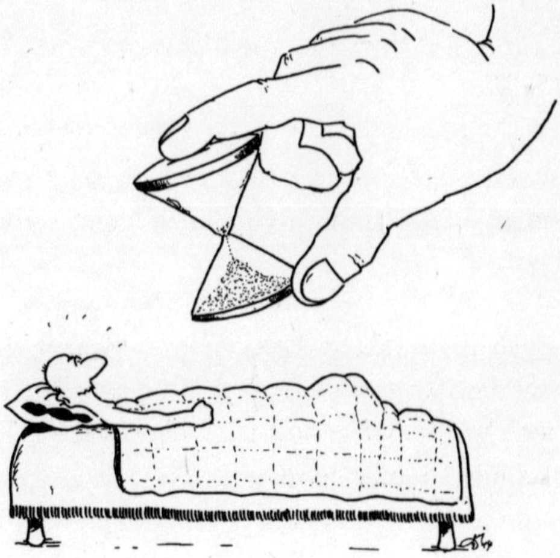

Augustus stieß, tief betroffen von der vernichtenden Niederlage des Varus im Jahre 9 n.Chr. gegen die Germanen unter Arminius im Teutoburger Wald »wiederholt den Kopf mit dem Ausrufe gegen die Türen ...: ›Quinctilius Varus, gib mir meine Legionen wieder!‹«

Sueton, »Kaiserbiographien«, Augustus, 23

Der Würfel ist geworfen.

Sueton, »Kaiserbiographien«, Caesar, 32

Ausspruch Caesars, als er in der Nacht zum 10. Januar 49 den Rubico zum Kampf gegen Pompeius überschritt: alea iacta est. Laut Plutarch, »Pompeius«, 30, soll er griechisch gesagt haben: »Hoch fliege der Würfel.«

In den Feldlagern pflegte man ihn [Kaiser Tiberius] – schon als er zuerst in den Kriegsdienst eintrat – wegen übergroßen Hanges zum Wein statt Tiberius ›Biberius‹ (der Trinker), statt Claudius ›Caldius‹ (der vom Trunk Erhitzte), statt Nero ›Mero‹ (der den Wein ungemischt trinkt) zu nennen.

Sueton, »Kaiserbiographien«, Tiberius, 42

Städter, wahret eure Weiber, unser Glatzkopf ziehet ein! Was in Gallien du den Huren schenktest, nahmst du hier auf Borg!

Sueton, »Kaiserbiographien«, Caesar, 51

Lied der Legionäre Caesars bei dessen Triumph über die Gallier.

Am letzten Tage seines Lebens richtete Augustus an die Freunde, die er zu sich gelassen, die Frage, »ob sie nicht meinten, daß er die Komödie des Lebens ganz ordentlich gespielt habe, und fügte dann auf griechisch die hergebrachte Schlußformel hinzu: ›Hat das Ganze euch gefallen, nun, so klatschet unserem Spiel, und beginnt mit Freuden allesamt den Beifallsruf!‹«

Sueton, »Kaiserbiographien«, Augustus, 99

Dazu bemerkt Cassius Dio in seiner »Römischen Geschichte« (56, 30): »Er verlangte nun von ihnen, sie sollten ihm, wie den

Schauspielern, als ob er nach einem Possenspiel endete, Beifall klatschen, und verspottete so das ganze Menschenleben.«

Ich hab's gefunden!

Vitruv, »Über die Baukunst«, 9, praef. 10

Griech. »heureka«. Ausruf des Archimedes nach der Entdeckung des spezifischen Gewichts von Gold und Silber.

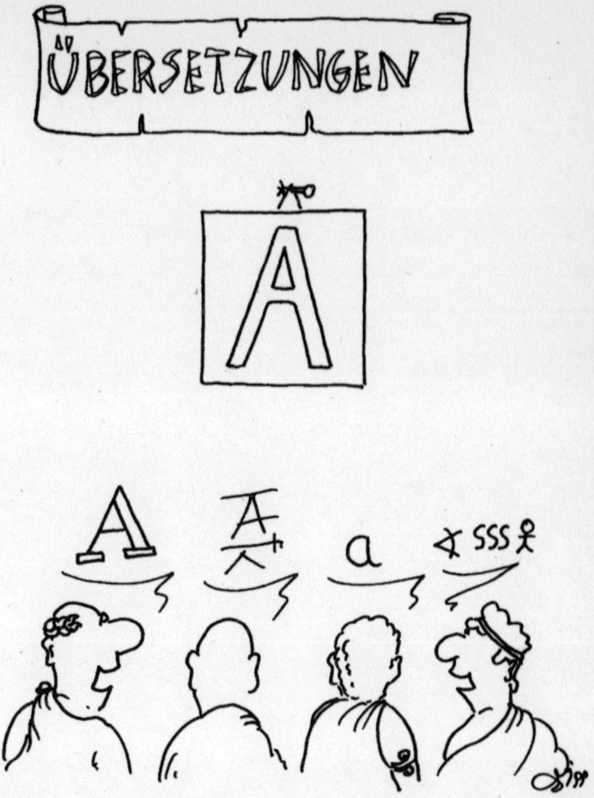
ÜBERSETZUNGEN
A
A
a

Aischylos, Werke, übers. v. D. Ebener, Aufbau-Verlag: Berlin und Weimar 1976.

Alkiphron, Briefe, übers. v. K. Treu, Reclam: Leipzig 1982.

Anthologia Graeca, gr.–dt. v. H. Beckby, Heimeran: München 1957/58.

Antike Fabeln, übers. v. J. Irmscher, Aufbau-Verlag: Berlin und Weimar 1987.

Antike Komödien: Aristophanes–Menander–Plautus–Terenz, übers. v. W. Hofmann, R. Schottlaender und L. Seeger, Aufbau-Verlag: Berlin und Weimar 1987.

Aristoteles, Werke, übers. v. E. Grumach und H. Flashar, Akademie-Verlag: Berlin 1956ff.

Aristoteles, Nikomachische Ethik, übers. v. F. Dirlmeier, Akademie-Verlag: Berlin 1967.

Augustinus, Über den Gottesstaat, übers. v. W. Thimme, 2 Bde., Artemis: Zürich 1955/56.

Aulus Gellius, Attische Nächte, übers. v. H. Berthold, Insel Verlag: Leipzig 1987.

Boethius, Trost der Philosophie, lat.–dt. v. E. Gegenschatz und O. Gigon, Heimeran: München 1990.

Cassius Dio, Römische Geschichte, übers. v. L. Tafel, 3 Bde., Stuttgart 1831–1844.

Celsus, Über die Arzneiwissenschaft, übers. v. E. Scheller und W. Friboes, Braunschweig 1906.

Cicero, Werke in drei Bänden, übers. v. L. Huchthausen, H. Dieter u. a., Aufbau-Verlag: Berlin und Weimar 1989.

Cicero, Cato der Ältere über das Alter, übers. v. M. Faltner, Heimeran: München 1963.

Cicero, Über die Ziele menschlichen Handelns, übers. v. O. Gigon u. a., Heimeran: München 1988.

Cicero, Vom Wesen der Götter, übers. v. W. Gerlach und K. Bayer, Heimeran: München 1990.
Clemens Alexandrinus, Teppiche, übers. v. O. Stählin, Bibliothek der Kirchenväter (BKV), Kempten 1936
Corpus iuris, übers. v. R. Düll, Heimeran: München 1939.
Demosthenes, übers. v. F. Jakoby, 1833.
Diodor, Historische Bibliothek, übers. v. J. F. Wurm, Stuttgart 1827.
Diogenes Laertius, Leben und Meinungen berühmter Philosophen, übers. v. O. Apelt, Akademie-Verlag: Berlin 1955.
Dion von Prusa, übers. v. W. Ellinger, Artemis: Zürich 1967.
Epiktet, Handbüchlein der Moral, übers. v. H. Schmidt, Alfred Kröner Verlag: Leipzig 1909.
Epiktet, Teles und Musonius: Wege zum glückseligen Leben, übers. v. W. Capelle, Artemis: Zürich 1948.
Euripides, übers. v. D. Ebener, Aufbau-Verlag: Berlin und Weimar 1979.
Eusebius, Werke, 1.1: Über das Leben Konstantins, übers. v. F. Winkelmann, Akademie-Verlag: Berlin 1975.
Griechische Grabgedichte, übers. v. W. Peek, Akademie-Verlag: Berlin 1960.
Griechische Inschriften, gr.–dt. v. G. Pfohl, Heimeran: Tübingen 1980.
Herodot, Das Geschichtswerk, übers. v. Th. Braun, Aufbau-Verlag: Berlin und Weimar 1985.
Hesiod, Werke und Tage, gr.–dt. v. A. v. Schirnding, Heimeran: München 1991.
Hippokrates, Sämtliche Werke, übers. v. R. Fuchs, 3 Bde., München 1895–1900.
Horaz, Werke, übers. v. M. Simon, Aufbau-Verlag: Berlin und Weimar 1983.
Janell, W.: Ausgewählte Inschriften, gr.–dt., Berlin 1906.
Laktanz, übers. in: BKV, Kempten 1919.
Lukan, Pharsalia, übers. von D. Ebener, Aufbau-Verlag: Berlin und Weimar 1978.
Lukian, übers. v. H. Gasse, Dieterich: Leipzig 1985.
Lukrez, Über die Natur der Dinge, übers. v. H. Diels, Aufbau-Verlag: Berlin 1957.
Martial, Epigramme, übers. v. R. Helm, Artemis: Zürich–Stuttgart 1957.

Menander, Werke in einem Band, übers. von K. und U. Treu, Aufbau-Verlag: Berlin und Weimar 1980.

Ovid, Werke, übers. v. L. Huchthausen, Aufbau-Verlag: Berlin und Weimar 1968.

Pindar, Dichtungen und Fragmente, übers. v. L. Wolde, Limes-Verlag: Wiesbaden 1958.

Platon, Gastmahl, übers. von K. Prantl, Langenscheidt: Berlin o.J.

Platon, Der Staat, übers. v. O. Apelt, Felix Meiner Verlag GmbH, Hamburg 1989.

Plinius d.Ä., Naturkunde, übers. v. R. König und G. Winkler, Heimeran: München 1973ff.

Plinius d.J., Briefe, übers. v. W. Krenkel, Aufbau-Verlag: Berlin und Weimar 1982.

Plutarch, Moralia, übers. v. W. Ax, Dieterich: Leipzig 1950.

Plutarch, Alexander, übers. v. F. S. Kaltwasser, Aufbau-Verlag: Berlin und Weimar 1982.

Polybios, Universalgeschichte, übers. v. H. Drexler, 2 Bde., Artemis: Zürich–Stuttgart 1961–1963.

Prokop, Vandalenkriege, übers. v. O. Veh, Heimeran: München 1971.

Römische Satiren: Ennius–Lucilius–Varro–Horaz–Persius–Seneca–Petron–Juvenal–Sulpicia, übers. v. W. Binder, H. Düntzer, W. Krenkel, J. v. Siebold u. Ch. M. Wieland, Aufbau-Verlag: Berlin und Weimar 1970.

Sallust, Werke, lat.–dt. v. W. Eisenhut u. J. Lindauer, Heimeran: München 1985.

Seneca d.J., Philosophische Schriften und Briefe, übers. v. H. Berthold, Dieterich: Leipzig 1986.

Seneca d.J., Briefe und philosophische Schriften, übers. v. H. Berthold, Leipzig 1983.

Seneca d.J., Apocolocyntosis, übers. v. W. Schöne, Heimeran: München 1957.

Sophokles, Werke, übers. v. R. Schottlaender, Aufbau-Verlag: Berlin und Weimar 1982. © Rainer Schottlaender.

Sueton, Kaiserbiographien, übers. v. A. Stahr und W. Krenkel, Aufbau-Verlag: Berlin und Weimar 1965.

Terenz, Werke, übers. v. D. Ebener, Aufbau-Verlag: Berlin und Weimar 1988.

Tertullian, Verteidigung gegen die Heiden, übers. in: BKV 7,24, Kempten 1912–1915.

Thukydides, Geschichte des Peloponnesischen Krieges, übers. v. Th. Braun, Insel Verlag: Leipzig 1964.
Valerius Maximus, Denkwürdige Taten und Aussprüche, übers. v. F. Hoffmann, 1828/29.
Vergil, Werke, übers. v. D. Ebener, Aufbau-Verlag: Berlin und Weimar 1983.
Vitruv, Über die Baukunst, übers. v. C. Fensterbusch, Akademie-Verlag: Berlin 1964.

Für freundlicherweise erteilte Abdruckgenehmigungen danken wir folgenden Verlagen:

Akademie Verlag, Berlin
Aufbau-Verlag, Berlin
Felix Meiner Verlag, Hamburg
Insel Verlag, Frankfurt am Main
Kösel-Verlag, München, für die Auszüge aus der Bibliothek der Kirchenväter (Clemens Alexandrinus, Laktanz, Tertullian)
Patmos und Artemis & Winkler, Düsseldorf, für die Auszüge aus den bei Artemis, Zürich, und Heimeran, München, erschienenen Ausgaben.
Sammlung Dieterich Verlagsgesellschaft mbH, Leipzig

PERSONENVERZEICHNIS

Während im Text die Namen der antiken Autoren in ihrer üblichen deutschen Schreibweise erscheinen, sind sie im Personenverzeichnis in ihrer jeweils originären Form verzeichnet, ergänzt durch kurze Hinweise zur Person. Innerhalb der einzelnen Kapitel sind die Aussprüche alphabetisch nach den Autoren geordnet.

Accius, Lucius, geb. 170 v. Chr., römischer Tragiker.

Aeschylus, griech. Aischylos (525–456), der erste durch sein Werk bekannte Dramatiker der Weltliteratur, gab der griech. Tragödie ihre klassische Form.

Aesop, griech. Aisopos (6. Jh. v. Chr.), griech. Fabeldichter.

Agamemnon, mythischer König von Mykene, oberster Heerführer der Griechen vor Troja.

Alkiphron (2. Jh. n. Chr.), griech. Schriftsteller und Rhetor.

Alpheios (1. Jh. n. Chr.), griech. Dichter.

Antiphilos (1. Jh. n. Chr.), griech. Dichter.

Archimedes (um 287–212), aus Syrakus, bedeutendster Mathematiker und Physiker der Antike, kam bei der Eroberung von Syrakus durch die Römer ums Leben.

Aristipp, griech. Aristippos (um 435–355), griech. Philosoph.

Aristophanes (um 445–386), griech. Komödiendichter.

Aristoteles (384–322), einer der universellsten Denker der Antike, Lehrer Alexanders d. Gr., gründete um 335 eine Schule im Gymnasium Lykeion in Athen, nach der dortigen Promenade »Peripatos« genannt, seine Anhänger waren die Peripatetiker.

Augustinus, Aurelius (354–430), Kirchenlehrer, wirkte gestaltend auf die Theologie des Mittelalters.

Augustus, lat. »der Erhabene« (63 v. Chr.–14 n. Chr.), bekam diesen Titel am 16. Januar 27 vom römischen Senat verliehen, nannte sich seitdem Imperator Caesar Augustus, Begründer des römischen Kaisertums.

Babrius, griech. Babrios (2. Jh. n. Chr.), griech. Fabeldichter.

Bion (3. Jh. v. Chr.), griech. satirischer Schriftsteller und populärphilosophischer Wanderredner.

Boethius, Anicius Manlius Torquatus Severinus (um 480–524), römischer Philosoph, Hofbeamter beim Ostgotenkönig Theoderich.

Caeser, Gaius Julius (100–44), römischer Feldherr und Staatsmann, wurde am 15. März (Iden) 44 von seinen Gegnern ermordet.

Caligula, lat. »Stiefelchen«, römischer Kaiser 37–41.

Cassiodor, lat. Cassiodorus, Flavius Magnus Aurelius (um 490–um 583), römischer Staatsmann und Schriftsteller.

Cassius Dio, Cocceianus (um 160–um 235), griech. Historiker.

Cato, 1. Marcus Porcius Censorius, C. d. Ä. (234–149), konservativer römischer Staatsmann, sperrte sich gegen griech. Einflüsse. 2. Marcus Porcius Uticensis (95–46), Urenkel von C. 1., Gegner Caesars, stürzte sich nach dessen Sieg ins Schwert.

Celsus, Aulus Cornelius (1. Jh. n. Chr.), schrieb unter dem Kaiser Tiberius sein Werk »Über die Medizin«, war aber vermutlich kein Arzt.

Cicero, Marcus Tullius (106–43), röm. Redner, Politiker und Schriftsteller, Anhänger der aristokratischen Republik in Rom, wurde auf Geheiß des Triumvirn Marcus Antonius 43 ermordet, gilt als Schöpfer der klassischen lateinischen Kunstprosa.

Claudius, röm. Kaiser 41–54.

Clemens Alexandrinus, Titus Flavius (um 150–vor 215), christlicher Lehrer in Alexandreia.

Demokrit, griech. Demokritos (460–371), griech. Philosoph, Hauptvertreter der griech. Atomistik.

Demosthenes (384–322), athenischer Redner und Politiker, kämpfte für die Unabhängigkeit Athens gegen Philipp II. von Makedonien, den Vater Alexanders des Großen.

Diodor, griech. Diodoros (1. Jh. v. Chr.), griech. Historiker.

Diogenes Laertius, griech. Laertios, griech. Schriftsteller, veröffentlichte sein 10 Bücher umfassendes Werk »Leben und Meinungen berühmter Philosophen« um 220 n. Chr.

Diogenes von Sinope (um 412–um 323), kynischer Philosoph, ging als Verächter der Kultur, »Diogenes in der Tonne«, in die Geschichte ein.

Dion von Prusa, mit dem Beinamen Chrysostomos, »Goldmund« (um 50–117), griech. Redner und Philosoph.

Ennius, Quintus (239–169), röm. Dichter.

Epiktet, griech. Epiktetos (um 50–um 130), griech. Philosoph.

Epikur, griech. Epikuros (342/41–271/70), griech. Philosoph, Anhänger der materialistischen Naturlehre des Demokrit, propagierte die Abkehr vom öffentlichen Leben, Wahlspruch: »Lebe im Verborgenen«, d. h. im engen Freundeskreis.

Euripides (485/84–406), jüngster der drei klassischen griech. Tragödiendichter, starker Einfluß auf das europäische Drama.

Eusebius, griech. Eusebios (um 260–339), christlicher Schriftsteller, Vertrauter des Kaisers Konstantin I.

Gellius, Aulus (geb. um 130 n. Chr.), röm. Schriftsteller.

Gyges, König von Lydien (686–650), bekannt durch seinen Reichtum.

Heraklit, griech. Herakleitos, aus Ephesos (um 544–um 483), griech. Philosoph, betrachtete als Charakteristikum der Welt den ständigen Wechsel, später auf die kurze Formel gebracht »Panta rhei«: Alles fließt.

Hannibal (247/46–183), karthagischer Feldherr im 2. punischen Krieg, in dem er den Römern unterlag. Er entzog sich den Verfolgungen durch die Römer durch Selbstmord.

Herodot, griech. Herodotos (um 484–um 424), griech. Historiker, von Cicero als »pater historiae«, Vater der Geschichtsschreibung, gewürdigt.

Hesiod, griech. Hesiodos (um 700 v. Chr.), der erste historisch faßbare griech. bzw. europäische Dichter.

Hippokrates (um 460–370), von der Insel Kos, Begründer der wissenschaftlichen Medizin, der Ärzte-Ethik (»Eid des Hippokrates«).

Homer, griech. Homeros (etwa 8. Jh. v. Chr.), sein Name ist mit der ältesten literarischen Gattung der Griechen, dem Heldenepos, verbunden (Ilias und Odyssee).

Horaz, lat. Horatius, Quintus Flaccus (65– 8 v. Chr.), röm. Lyriker, auch Satiren.

Isokrates (436–338), sah die Aufgabe der Beredsamkeit in der Vermittlung einer umfassenden Bildung, trat für einen gemeinsamen Feldzug aller Griechen unter Führung Makedoniens gegen die Perser ein.

Juvenal, lat. Iuvenalis, Decimus Iunius (um 60–nach 127), röm. Satirendichter.

Konstantin I., röm. Kaiser 306–337, anerkannte das Christentum 313 im Mailänder Edikt, dem sog. Toleranzedikt.

Kritolaos (2. Jh. v. Chr.), griech. Philosoph.

Kroisos, lat. Croesus, dt. Krösus, König von Lydien 560–547, sprichwörtlich für seinen Reichtum.

Kypris, lat. Cypris, Beiname der Aphrodite nach einer ihrer Kultstätten auf Zypern, griech. Kypros.

Laktanz, lat. Lactantius, Caecilius Firmianus (gest. nach 317), Kirchenschriftsteller.

Leonidas, König von Sparta 488–480, fiel in der Schlacht bei den Thermopylen gegen die Perser.

Licinius, röm. Kaiser 308–324.

Lukan, lat. Lucanus, Marcus Annaeus (39–65 n. Chr.), röm. epischer Dichter, von Nero zum Selbstmord gezwungen.

Lukian, griech. Lukianos, (um 120–nach 180), aus Samosata in Syrien, griech. Schriftsteller, ein Meister der Satire.

Lukillios, (1. Jh. n. Chr.), griech. Dichter.

Lukrez, lat. Lucretius Carus (um 96–55), röm. Dichter und Philosoph, vertrat die Lehre Epikurs.

Martial, lat. Martialis, Marcus Valerius (um 40–um 102), Klassiker des röm. Epigramms.

Menander, griech. Menandros (342/41–293/90), griech. Komödiendichter, schrieb über hundert Stücke.

Momos, griech. Gott des Tadels und des Spottes.

Musonius (1. Jh. n. Chr.), röm. Philosoph.

Nero, röm. Kaiser 54–68.

Ovid, lat. Ovidius Naso (43 v.–um 18 n. Chr.), starb in der Verbannung in Tomis (heute Constanta) am Schwarzen Meer, röm. Dichter.

Pacuvius, Marcus (220–um 130), röm. Tragiker und Maler.

Perikles (um 495–429), bedeutendster Staatsmann Athens.

Persius, Aulus Flaccus (34–62), röm. Dichter.

Petron, lat. Petronius, mit dem Beinamen »Arbiter«, Schiedsrichter des feinen Geschmacks, 66 n. Chr. von Nero zum Selbstmord gezwungen.

Phaedrus (1. Jh. n. Chr.), röm. Fabeldichter.

Philipp, griech. Philippos, 359–336 als Philipp II. König von Makedonien, unterwarf 338 die Griechen.

Philippos (1. Jh. n. Chr.), griech. Epigrammdichter.

Pindar, griech. Pindaros (522–446), bedeutendster griech. Chorlyriker.

Platon (427–347), einer der hervorragendsten griech. Philosophen, Entwurf eines Idealstaates.

Plinius, 1. d.Ä., Gaius Plinius Secundus (23/24–79), röm. Offizier, Historiker und Schriftsteller, kam als Flottenkommandant beim Ausbruch des Vesuvs am 24. August ums Leben. 2. d.J., Gaius Plinius Caecilius Secundus (61/62–um 113), röm. Beamter und Schriftsteller, Neffe und Adoptivsohn von P 1.

Plutarch, griech. Plutarchos (um 46–nach 119), griech. Schriftsteller, u.a. Priester in Delphi.

Polybios (um 200–nach 120), hellenistischer Historiker und Staatstheoretiker.

Poseidonios (etwa 135–51), hellenistischer Philosoph, Historiker, Geograph und Astronom.

Prokop, griech. Prokopios (um 500–nach 565), Jurist und Rhetor, bedeutendster Vertreter der oström. Geschichtsschreibung.

Protagoras (um 480–410), Hauptvertreter der Sophistik, Einfluß auf Perikles und Euripides.

Prusias (um 235–182), König von Bithynien, wollte Hannibal den Römern ausliefern.

Publilius Syrus (1. Jh. v. Chr.), röm. Mimendichter.

Pythagoras (um 540–500), von Samos, griech. Philosoph.

Quintilian, lat. Quintilianus, Marcus Fabius (um 35–um 96), erster staatlich besoldeter Lehrer der Rhetorik in Rom.

Scipio Africanus d.Ä., Publius Cornelius (um 235–183), entschied als Feldherr den 2. Punischen Krieg zugunsten der Römer (Schlacht bei Zama 202 gegen Hannibal).

Scipio Nasica, Publius Cornelius (gest. 132 v. Chr.), Konsul im Jahre 138.

Seneca d.J., Lucius Annaeus (um 4 v.–65 n. Chr.), röm. Staatsmann, Philosoph und Schriftsteller, Erzieher des jungen Nero, von diesem später zum Selbstmord gezwungen.

Simonides (um 556–um 468), griech. Lyriker.

Sophokles (um 496–406), einer der drei großen klassischen Tragiker der Griechen.

Statius Caecilius (2. Jh. v. Chr.), röm. Dichter.

Stobaeus, griech. Stobaios (5. Jh. n. Chr.), griech. Philosoph und Schriftsteller.

Sueton, lat. Suetonius Tranquillus (um 70–um 140), röm. Schriftsteller, erhob die Biographie zu einem Teil der Geschichtsschreibung.

Terenz, lat. Publius Terentius Afer (»Afrikaner«) aus Karthago (um 190–159), einer der größten röm. Komödiendichter.

Tertullian, lat. Tertullianus, Septimius Florens (um 160–nach 220), christlicher Schriftsteller.

Thales (um 624–546), aus Milet, erster griech. Philosoph, auch Mathematiker und Astronom, einer der sieben Weisen.

Theoderich der Große, Ostgotenkönig 471–526, Grabmal in Ravenna.

Theodosius II., oström. Kaiser 408–450.

Thukydides (um 460–um 400), größter griech. Historiker.

Tiberius, röm. Kaiser 14–37.

Ulpian, lat. Ulpianus, Domitius (Wende vom 2. zum 3. Jh.), röm. Jurist.

Valerius Maximus (1. Jh. n. Chr.), röm. Schriftsteller.

Varus, Publius Quinctilius (um 46 v.–9. n. Chr.), röm. Feldherr, verlor in der Schlacht im Teutoburger Wald gegen Arminius fast sein ganzes Heer und beging Selbstmord.

Vergil, lat. Publius Vergilius Maro (70–19 v. Chr.), bedeutendster röm. Epiker, Autor der »Aeneis«, des röm. Nationalepos.

Vespasian, röm. Kaiser 69–79.

Xenophanes (um 570–480), griech. Philosoph und Dichter.